Servicios en la nube con AWS

Servicios en la nube con AWS

Beatriz Coronado García

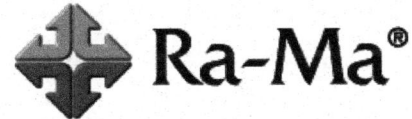

La ley prohíbe
fotocopiar este libro

Servicios en la nube con AWS
Thema: UTC Computación en la nube
Bisac: COM091000
© Beatriz Coronado García
© De la edición: Ra-Ma 2025

Editado por:
RA-MA Editorial
Calle Jarama, 3A, Polígono Industrial Igarsa
28860 PARACUELLOS DE JARAMA, Madrid
Teléfono: 91 658 42 80
Fax: 91 662 81 39
Correo electrónico: *info@grupoeditorialrama.com*
Internet: *www.ra-ma.es* y *www.ra-ma.com*
ISBN impreso: 979-13-87764-14-2
ISBN ePub: 979-13-87764-15-9
Depósito legal: M-9217-2025
Maquetación: Antonio García Tomé
Diseño de portada: Antonio García Tomé
Filmación e impresión: Safekat
Impreso en España en abril de 2025

A quienes buscan respuestas, pero sobre todo a quienes
nunca dejan de formular nuevas preguntas.

ÍNDICE

ACERCA DE LA AUTORA

Beatriz Coronado García

Máster en Prevención de Riesgos Laborales (3 especialidades) por la Universidad Francisco de Vitoria (2020-2021). Intensivo de experto en desarrollo de aplicaciones web por la Universidad San Jorge–SEAS (2021-2022). Grado en Sociología por la Universidad Rey Juan Carlos (2013-2017).

Profesional autónoma especializada en la gestión de proyectos editoriales y desarrollo de contenido formativo, con experiencia en tecnologías educativas y desarrollo web. Actualmente, trabaja con varias editoriales. Tiene experiencia en la utilización de diversas IA en el entorno laboral: ChatGPT 4.0, Copilot, Perplexity, Gemini y Midjourney, así como en el manejo de Microsoft 365 Business Standard. Además, cuenta con amplios conocimientos en lenguajes de programación como HTML5, CSS3 y JavaScript, y en sistemas de gestión de contenidos como WordPress.

Contacto

INTRODUCCIÓN

Hoy en día, casi todo lo que usamos en internet funciona "desde la nube", aunque a veces no seamos del todo conscientes. Desde guardar fotos hasta ver una serie o gestionar una empresa, muchas cosas dependen de servicios en la nube como Amazon Web Services (AWS). Este manual nace con la idea de hacer todo eso un poco más comprensible. No hace falta ser programador ni ingeniera para seguirlo: solo ganas de aprender y algo de curiosidad por entender cómo se mueven los hilos digitales.

Aquí se va a recorrer paso a paso un montón de conceptos que al principio pueden sonar lejanos, pero que pronto empezarán a tener sentido. Se hablará de arquitectura de software, tipos de servicios en la nube, cómo montar una cuenta gratuita, cómo almacenar cosas en Amazon S3 o cómo hacer que una web funcione sin complicarse la vida. También habrá espacio para temas como el control de costes, la seguridad y la normativa española. Todo explicado sin rodeos y con ejemplos prácticos para que sea más fácil aterrizarlo.

El enfoque es directo y útil. A cada explicación le acompaña una pequeña guía para llevarlo a la práctica, con herramientas reales y sin tecnicismos innecesarios. La idea es que, al terminar el manual, se tenga una buena base para desenvolverse con soltura en el mundo cloud, con la seguridad de haber entendido lo importante y la motivación para seguir explorando.

UNIDADES

1. ADQUISICIÓN CONCEPTOS BÁSICOS EN ARQUITECTURA DE PROGRAMA

2. CREACIÓN Y GESTIÓN DE UNA CUENTA FREE-TIER Y ENTORNO DE TRABAJO

3. IMPLEMENTACIÓN DE SERVICIOS BÁSICOS EN LA NUBE

4. ADMINISTRACIÓN DE COSTES

5. APROXIMACIÓN A LA SEGURIDAD EN LA NUBE

6. REALIZACIÓN DEL PROYEXTO FINAL

1

ADQUISICIÓN CONCEPTOS BÁSICOS EN ARQUITECTURA DE PROGRAMA

Antes de empezar a usar herramientas específicas o a crear soluciones prácticas, conviene entender algunas ideas de base sobre cómo se organiza el software y cómo encaja en el entorno de la nube. Este bloque sirve como punto de partida para comprender cómo se estructura un programa, qué tipos de servicios se pueden encontrar en la nube y cómo funciona el ecosistema de proveedores como Amazon Web Services (AWS). A través de esta introducción, se explorarán términos como arquitectura monolítica o por microservicios, se diferenciarán modelos como IaaS, PaaS y SaaS, y se analizarán las opciones más populares del mercado, sus ventajas, limitaciones y criterios para elegir uno u otro servicio. Es un repaso general pero necesario, porque ayuda a tener una visión clara del terreno que se pisa y a entender por qué se toman ciertas decisiones técnicas cuando se trabaja con soluciones cloud.

1.1 ARQUITECTURA DE SOFTWARE

Hablar de **arquitectura de software** es como hablar de los planos de una casa. Es esa parte que no siempre se ve, pero que define por completo cómo se distribuyen las habitaciones, cómo se conectan las estancias entre sí, y qué tan fácil será hacer reformas en el futuro. En el mundo del desarrollo, la arquitectura es la forma en que se estructura un programa o sistema informático: qué partes lo componen, cómo se comunican, y cómo se comporta todo el conjunto bajo presión, crecimiento o cambios. No es un detalle técnico sin importancia, es lo que permite que una aplicación funcione bien durante años… o que se venga abajo con el primer cambio.

A lo largo del tiempo han existido varios **modelos de arquitectura**, cada uno con su enfoque y sus ventajas según el contexto. Uno de los más clásicos es la arquitectura **monolítica**, en la que toda la aplicación está construida como un único bloque. Todo el código está en un mismo sitio, las funciones están unidas entre sí y, por lo general, se despliega todo junto. Es fácil de crear cuando el proyecto es pequeño, pero puede convertirse en una pesadilla cuando crece. ¿Por qué? Porque cualquier pequeño cambio obliga a revisar y volver a lanzar toda la aplicación, lo cual genera mucho riesgo, tiempos de espera y posibles errores colaterales. Es como tener una casa sin tabiques internos: si quieres cambiar algo del baño, tienes que mover media estructura.

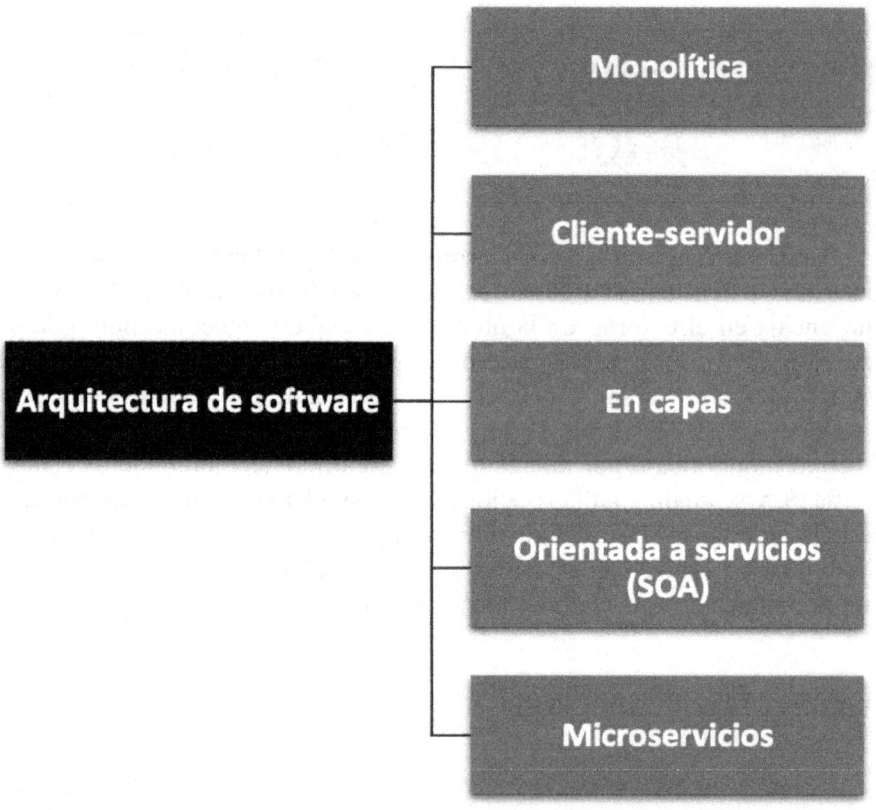

Luego tenemos la arquitectura **cliente-servidor**, que fue muy usada en las primeras etapas de internet. Aquí, el cliente (como puede ser un navegador web) hace peticiones a un servidor, que responde con los datos solicitados. Esta separación permite distribuir responsabilidades: el cliente se encarga de mostrar la información y el servidor de procesarla. Aunque hoy parece un planteamiento básico, fue un paso enorme frente al modelo monolítico, porque permitió distribuir cargas y trabajar con máquinas diferentes.

Con el tiempo, se fue imponiendo un modelo más modular: la **arquitectura en capas**. Aquí, el sistema se organiza en distintas capas bien diferenciadas, por ejemplo: una capa de presentación (lo que ve el usuario), una capa de lógica de negocio (donde se toman decisiones) y una capa de datos (donde se consulta o guarda la información). Esta separación facilita mucho el mantenimiento, porque si tienes que cambiar el diseño visual, no necesitas tocar lo que ocurre con la base de datos. También es útil para trabajar en equipo, ya que cada grupo puede encargarse de una parte concreta sin pisar el trabajo del resto.

Otro enfoque interesante es la **arquitectura orientada a servicios (SOA)**. En este modelo, las distintas funcionalidades de la aplicación están organizadas como servicios independientes, que se comunican entre sí a través de una red. Cada servicio tiene una tarea específica y puede estar en un servidor distinto o incluso programado en otro lenguaje. Esto da mucha flexibilidad y facilita la reutilización: un servicio de pagos, por ejemplo, puede usarse tanto en una tienda online como en una aplicación móvil. Además, si un servicio se rompe, no se cae todo el sistema, solo se ve afectada esa parte. Es un enfoque muy útil para entornos complejos, como los de las grandes empresas.

Y llegamos a uno de los modelos más usados hoy en día: los **microservicios**. Esta arquitectura lleva la idea de SOA al extremo. En lugar de tener unos pocos servicios grandes, se dividen las funciones en servicios pequeños, muy especializados, que se comunican entre sí. Cada microservicio se desarrolla, se despliega y se actualiza de forma independiente. Esto permite una escalabilidad espectacular: si hay un pico de tráfico solo en una parte del sistema (por ejemplo, el carrito de compra), se puede ampliar esa parte sin tocar las demás. Además, cada microservicio puede ser programado por equipos distintos, usando lenguajes diferentes o incluso bases de datos separadas. Sin embargo, también tiene su complejidad: coordinar muchos servicios requiere una infraestructura sólida y buenas prácticas de comunicación.

Lo interesante de todo esto es cómo influye la arquitectura elegida en el día a día de un sistema. En primer lugar, afecta directamente al **rendimiento**. Una buena arquitectura permite que el sistema responda rápido, que se adapte al número de usuarios sin sufrir caídas, y que los errores afecten lo menos posible. También condiciona la **escalabilidad**, es decir, la capacidad de crecer sin que todo se vuelva inmanejable. Los microservicios, por ejemplo, escalan muy bien, mientras que un monolito puede ser más limitado en ese sentido. Y no menos importante es el **mantenimiento**: con una estructura clara y modular, es mucho más fácil corregir errores, actualizar funciones o añadir nuevas características sin romper lo que ya funciona.

Elegir una arquitectura no es una decisión técnica cualquiera. Es una de esas elecciones que marcan el futuro de un proyecto. Puede que una empresa pequeña empiece con algo sencillo, como un monolito, y poco a poco evolucione hacia microservicios. Lo importante es tener clara la lógica detrás de cada modelo, para saber cuándo conviene cambiar, qué se gana y qué se pierde. Y aunque el término "arquitectura" suene a algo lejano o abstracto, en realidad está en el corazón de cualquier sistema que funcione de forma estable, rápida y con posibilidades reales de crecer.

Saber más...

La computación en la nube se ha consolidado como una de las tecnologías más transformadoras dentro de los procesos de digitalización en las empresas españolas. No es solo una herramienta útil, sino una pieza central en la estrategia de muchas organizaciones. Esta conclusión se respalda con los resultados del *Informe del Mercado Cloud en España 2022*, elaborado por la consultora Quint, que ofrece una visión detallada sobre cómo evoluciona el uso de la nube en nuestro país.

La sexta edición de este estudio se basó en entrevistas realizadas entre abril y mayo a más de cien responsables tecnológicos de grandes empresas españolas, mayoritariamente del sector privado. En ellas se abordaron temas como la inversión en cloud, los tipos de despliegue (híbrida, privada o pública), los casos de uso, el grado de satisfacción y los principales retos para la migración.

El documento destaca tres grandes líneas:

1. Crecimiento sostenido: cada vez más empresas aumentan su inversión en la nube. De hecho, el 55% de los encuestados afirma haber incrementado su presupuesto en este ámbito.

2. Preferencia por el multicloud: el 57% de las organizaciones ya emplea estrategias que combinan nubes públicas y privadas. Esta diversidad responde a una necesidad de optimización, eficiencia y menor dependencia de un solo proveedor.

3. Más valor en los datos: las empresas empiezan a utilizar la nube como base para explotar sus datos, no solo para almacenarlos o ejecutar aplicaciones. La analítica avanzada y los servicios asociados a la gestión inteligente de la información ganan protagonismo.

El informe también confirma que el cloud ya no se ve como una solución disruptiva, sino como una infraestructura habitual. La previsión para 2023 es que el mercado cloud español crezca más del 21% y que el 40% del gasto en TI esté vinculado directamente a tecnologías en la nube. Se espera que esta cifra suba al 80% en 2025.

Lo que ha cambiado es la razón de su adopción. Si antes la nube se implementaba por cuestiones puramente técnicas, ahora se valora como herramienta para **mejorar procesos internos, reforzar la eficiencia y facilitar una transformación organizativa más profunda**.

Un dato relevante es que, por primera vez, la principal barrera identificada para la migración a la nube es la **falta de conocimientos especializados**, tanto en perfiles técnicos como en capacitación interna. La escasez de talento cloud es un problema que afecta directamente al avance del sector.

En paralelo, la profesionalización del ecosistema ha dado lugar a una red consolidada de centros de datos y partners tecnológicos como **Cloud Center Andalucía**, que ofrecen soluciones multicloud adaptadas al cliente. Este crecimiento también ha puesto sobre la mesa otro desafío: **la necesidad de controlar mejor el gasto**. A pesar de que el ahorro es una de las ventajas más citadas, un 58% de las empresas reconoce que no están aprovechando del todo su inversión en la nube. Esto ha impulsado el enfoque FinOps (gestión financiera de operaciones en la nube), que cobra cada vez más fuerza.

Además, el **25% de las empresas prevé aumentar su inversión en servicios IaaS, PaaS y SaaS** durante el próximo año, lo que confirma que la apuesta cloud se mantiene al alza.

El uso combinado de nubes públicas y privadas se está imponiendo como la estrategia favorita. El 57% de las compañías ya trabaja con entornos multicloud, y se espera que esta cifra aumente al 64% en los próximos tres años. Las razones son claras: este modelo permite mejorar la eficiencia, la seguridad, repartir cargas de trabajo y reducir la dependencia de un solo proveedor.

En este sentido, la experiencia de empresas como Cloud Center Andalucía, en colaboración con gigantes como AWS u OVHCloud, ha servido para anticiparse a esta tendencia, ofreciendo soluciones multicloud con soporte cercano y alta disponibilidad.

Según el informe, **AWS lidera el ranking de satisfacción**, con un 97,3% de usuarios que declaran estar contentos con los servicios prestados.

Los sectores más satisfechos con los resultados del cloud en España son telecomunicaciones y servicios. Las razones más mencionadas para adoptar la nube siguen siendo la flexibilidad, la escalabilidad, la mejora del *time to market* y el apoyo a la toma de decisiones.

Cuando se trata de medir el retorno de la inversión, el criterio mejor valorado es el "valor aportado al negocio", seguido muy de cerca por la eficiencia en costes y la mejora del tiempo de entrega.

Las tendencias apuntan a una creciente demanda de servicios como **Cloud Storage, Inteligencia Artificial, Machine Learning y Deep Learning**. El almacenamiento de datos creció un 17% respecto a 2021, y todo indica que las organizaciones seguirán migrando procesos avanzados a la nube, especialmente aquellos que implican explotación intensiva de datos.

No obstante, el informe también lanza una advertencia: **España aún tiene margen de mejora**. En el ranking global de ecosistemas cloud, elaborado por el *Global Cloud Ecosystem 2022*, nuestro país aparece en el puesto 25, por detrás de otros como Portugal o República Checa. Esto indica que, aunque se han hecho muchos avances, aún quedan desafíos pendientes, especialmente en materia regulatoria y de impulso estratégico.

Para cerrar esa brecha, han surgido iniciativas como **Apecdata**, la primera asociación de proveedores cloud en España, y se anuncian nuevas regiones cloud por parte de los principales hiperescalares. Todo ello apunta a un futuro más descentralizado, con mayor capacidad nacional y opciones de proveedores más cercanos.

1.2 MODELOS DE SERVICIOS EN LA NUBE

Cuando se habla de **servicios en la nube**, muchas veces se tiene la sensación de que todo suena igual o de que es algo muy técnico reservado a expertos. Pero en realidad, todo gira en torno a **cómo se quiere usar la tecnología sin tener que encargarse de todo desde cero**. Lo interesante del modelo en la nube es que uno puede decidir hasta qué punto quiere implicarse en la gestión técnica de la infraestructura y cuánto quiere delegar en el proveedor. Para ordenar este abanico de opciones, se suelen usar tres grandes categorías: **IaaS, PaaS y SaaS**. Cada una de ellas representa un nivel diferente de abstracción, es decir, cuánto trabajo técnico hace la empresa usuaria y cuánto hace el proveedor.

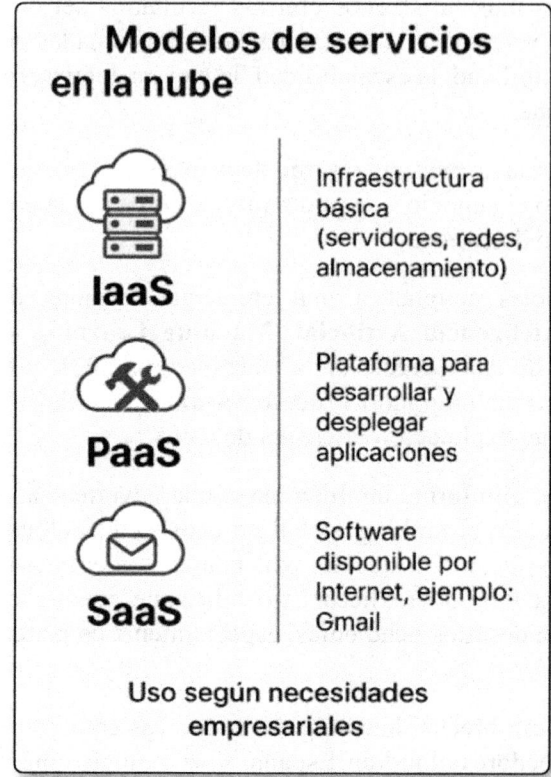

El primer modelo es el **IaaS (Infraestructura como Servicio)**. Aquí, lo que se alquila es una infraestructura digital básica: servidores, redes, sistemas de almacenamiento, y a veces, recursos como balanceadores de carga o cortafuegos. Lo curioso de este modelo es que el proveedor no te da un programa listo para usar, sino el equivalente a una máquina vacía que puedes personalizar como quieras. Amazon EC2 (Elastic Compute Cloud), por ejemplo, permite lanzar servidores virtuales en minutos, configurarlos desde cero, elegir el sistema operativo y montar encima lo que necesites. Este modelo es ideal para equipos técnicos que quieren control total sobre su entorno y saben cómo gestionarlo. Suele usarse cuando se necesitan entornos muy personalizados o cuando una empresa ya tiene experiencia gestionando servidores, pero quiere dejar de comprar hardware físico y pagar solo por el uso real.

Un paso más arriba está el **PaaS (Plataforma como Servicio)**. Aquí la idea es que no hace falta preocuparse por la infraestructura en sí, porque el proveedor ya ofrece un entorno completo para desarrollar, probar y lanzar aplicaciones. En otras palabras, no hay que andar instalando sistemas operativos ni configurando redes: se recibe un entorno ya preparado para empezar a crear. Un ejemplo claro es **AWS**

Elastic Beanstalk, donde basta con subir el código de la aplicación y el sistema se encarga del resto: desde desplegar servidores hasta balancear carga o escalar recursos según la demanda. Este modelo es especialmente útil para desarrolladores que quieren centrarse en programar sin perder tiempo en tareas de infraestructura, y para empresas que buscan agilidad y rapidez en la entrega de aplicaciones.

Por último, está el **SaaS (Software como Servicio)**, que es el modelo más cercano al usuario final. Aquí no se instala nada, ni se configura un servidor ni se escribe código: simplemente se accede a un software ya terminado a través de internet. Ejemplos hay muchos y muy conocidos:

- Gmail.
- Google.
- Drive.
- Microsoft 365.
- Dropbox.

En el contexto de AWS, también se ofrecen soluciones SaaS a través de AWS Marketplace, como plataformas de análisis de datos, herramientas de seguridad, CRM, etc. Es una opción muy útil para empresas que no necesitan desarrollar software propio, sino simplemente usar herramientas que ya funcionan. Además, este modelo permite pagar por suscripción, escalar usuarios fácilmente y olvidarse del mantenimiento técnico.

La elección entre IaaS, PaaS y SaaS depende mucho de las necesidades específicas de cada empresa o proyecto. Un equipo de desarrollo que quiere construir un producto desde cero y necesita flexibilidad optará probablemente por IaaS. Si ese mismo equipo quiere ir más rápido y no quiere perder tiempo configurando servidores, PaaS será una mejor opción. Y si lo que se busca es utilizar herramientas ya hechas para la gestión del negocio, el correo o la colaboración entre empleados, entonces SaaS será la opción más adecuada. Lo importante aquí es entender que **no hay un modelo mejor que otro**: simplemente hay que elegir el que más se adapta al contexto, al presupuesto y a los objetivos que se quieren alcanzar.

Situación	Modelo recomendado	Justificación
Montar un entorno de pruebas personalizado para una aplicación web	IaaS	Se necesita controlar todo el entorno para simular condiciones reales de prueba.
Configurar una red virtual con múltiples servidores para simulaciones	IaaS	Permite crear topologías de red avanzadas con control total sobre cada componente.
Levantar un servidor para hospedar una base de datos no relacional	IaaS	IaaS ofrece libertad para instalar bases de datos específicas y configurarlas a medida.
Crear una arquitectura multinube con componentes específicos	IaaS	Facilita una infraestructura adaptable con herramientas personalizadas en distintas nubes.
Administrar máquinas virtuales con sistemas operativos distintos	IaaS	Solo IaaS permite elegir distintos sistemas operativos y gestionar recursos a nivel bajo.
Desplegar aplicaciones legacy que requieren entornos personalizados	IaaS	IaaS es ideal para aplicaciones antiguas que no funcionan bien en entornos gestionados.
Ejecutar análisis de datos intensivo con control total del entorno	IaaS	El procesamiento intensivo requiere entornos personalizados y potentes.
Montar un entorno para pruebas de ciberseguridad controladas	IaaS	Se requiere un entorno controlado donde simular amenazas y defensas.
Tener acceso root para instalaciones especiales	IaaS	IaaS da acceso de administrador, necesario para instalaciones profundas.
Emular un entorno local en la nube con la máxima flexibilidad	IaaS	Reproduce entornos locales para pruebas sin depender de plataformas externas.

Situación	Modelo recomendado	Justificación
Desarrollar una app web sin preocuparse por el servidor	PaaS	El enfoque es desarrollar rápido, sin preocuparse por servidores.
Implementar rápidamente prototipos de aplicaciones	PaaS	PaaS permite lanzar versiones iniciales de apps de forma ágil y económica.
Automatizar escalado de una app web con alta demanda	PaaS	El sistema escala automáticamente sin necesidad de gestión manual.
Integrar CI/CD para el despliegue de software	PaaS	PaaS facilita la integración con pipelines de entrega continua.
Crear una API para uso interno y externo	PaaS	Permite crear servicios web reutilizables rápidamente.
Probar nuevas tecnologías de desarrollo en entornos controlados	PaaS	Ofrece entornos seguros para experimentar sin configurar servidores.
Centrarse en el desarrollo sin gestionar servidores	PaaS	Reduce la carga técnica y permite centrarse en el desarrollo puro.
Ejecutar una aplicación Java en la nube sin instalar entorno manualmente	PaaS	El entorno está preparado para correr directamente el código.
Acelerar el desarrollo de un MVP (producto mínimo viable)	PaaS	Ideal para validar ideas rápidamente sin infraestructura pesada.
Trabajar en equipo con repositorios y entornos gestionados	PaaS	Los entornos compartidos y automatizados facilitan la colaboración técnica.
Gestionar el correo electrónico empresarial	SaaS	SaaS como Gmail permite usar correo sin configuraciones complejas.
Compartir archivos entre trabajadores de forma online	SaaS	Herramientas como Google Drive permiten compartir archivos fácilmente.
Usar una herramienta de videollamadas para reuniones	SaaS	Zoom y similares permiten reuniones sin instalaciones ni servidores.
Gestionar clientes con un CRM sin instalar software	SaaS	CRM como Salesforce están listos para usarse y actualizados continuamente.
Llevar la contabilidad desde cualquier lugar con una app web	SaaS	Aplicaciones contables SaaS ofrecen movilidad y facilidad de uso.

Situación	Modelo recomendado	Justificación
Organizar proyectos con herramientas colaborativas en línea	SaaS	Herramientas como Trello o Asana mejoran la productividad sin instalación.
Firmar documentos digitalmente con acceso desde el navegador	SaaS	Soluciones como DocuSign permiten firmar sin complicaciones técnicas.
Crear y almacenar documentos en la nube con acceso compartido	SaaS	Plataformas como Microsoft 365 permiten colaborar en documentos en línea.
Generar informes desde una plataforma analítica ya configurada	SaaS	Plataformas analíticas SaaS están listas para consultar sin configurar datos.
Formar empleados mediante una plataforma de e-learning	SaaS	Las plataformas educativas online permiten formar empleados desde cualquier lugar.

ⓘ Nota

Los modelos de servicio en la nube ofrecen distintas formas de consumir tecnología en función de cuánto se quiera construir, gestionar o delegar. Esta forma de trabajo, tan popular hoy en día, ha permitido que muchas startups crezcan sin necesidad de invertir miles de euros en servidores propios, y que grandes empresas puedan lanzar productos nuevos en semanas en lugar de meses. Saber distinguir entre IaaS, PaaS y SaaS no solo ayuda a hablar con propiedad en una reunión técnica, sino que permite tomar decisiones más estratégicas cuando se está diseñando un proyecto digital o planificando la transformación digital de una organización.

1.3 PROVEEDORES DE SERVICIOS EN LA NUBE

Cuando se habla de "la nube", muchas veces se piensa que es algo etéreo, invisible y que, en el fondo, todos los servicios funcionan igual. Pero en realidad, detrás de esa idea hay **empresas enormes que proporcionan infraestructuras y tecnologías muy distintas entre sí**, y que compiten por ofrecer el mejor servicio en términos de potencia, seguridad, precio y soporte. Estos son los llamados **proveedores de servicios en la nube**, y hoy forman una parte esencial del mundo digital. No importa si una persona quiere guardar sus fotos o si una empresa necesita montar una red de servidores en cinco países: detrás de todo eso suele haber un proveedor cloud que hace posible que los datos estén disponibles, accesibles y seguros.

(i) Nota

Un proveedor de servicios en la nube es una empresa que ofrece recursos tecnológicos por internet: desde servidores y almacenamiento hasta plataformas de desarrollo o aplicaciones listas para usar. Estos servicios están disponibles bajo demanda, se pagan por uso y se adaptan fácilmente al crecimiento o necesidades cambiantes de quien los contrata. Gracias a estos proveedores, ya no hace falta comprar equipos físicos ni tener una sala llena de servidores: se puede montar desde una web sencilla hasta una red de inteligencia artificial global desde el sofá de casa o desde la oficina de una pyme.

Los tres grandes protagonistas del mercado actualmente son **Amazon Web Services (AWS)**, **Microsoft Azure** y **Google Cloud Platform (GCP)**. Son los que tienen más cuota de mercado, más herramientas disponibles y mayor presencia internacional. AWS fue el primero en popularizar el concepto de nube pública, allá por 2006, y desde entonces ha ido ampliando sus servicios hasta superar los 200 productos distintos. Entre ellos se encuentran recursos para computación, bases de datos, inteligencia artificial, almacenamiento, análisis de datos, ciberseguridad y más. AWS destaca especialmente por su robustez, su ecosistema completo y la enorme comunidad que la rodea. Es una de las opciones favoritas para empresas grandes, startups tecnológicas y proyectos de todo tipo que necesitan flexibilidad, potencia y fiabilidad.

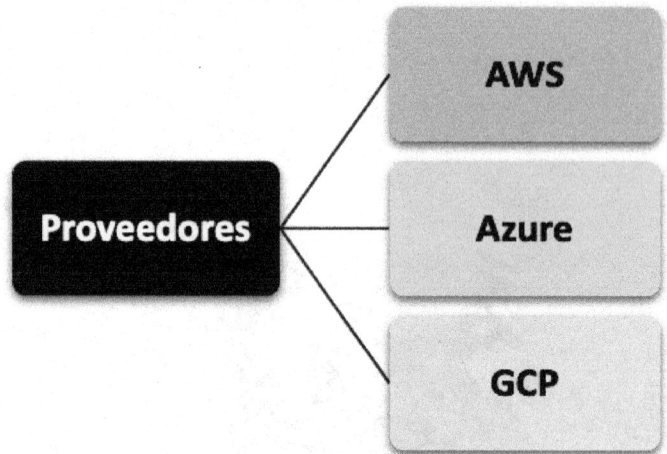

Microsoft Azure, por su parte, ha crecido muchísimo en los últimos años. Una de sus grandes bazas es la **integración con herramientas empresariales** que ya están muy extendidas, como Microsoft 365, Teams, Active Directory o Windows Server. Para muchas empresas que ya trabajan con entornos de Microsoft, dar el salto a Azure es más sencillo, porque muchas de sus herramientas se conectan de forma natural. Azure también ha apostado fuerte por el sector público y educativo, ofreciendo soluciones pensadas para la administración, las universidades o los centros de investigación. En España, por ejemplo, cada vez más organismos oficiales y gobiernos regionales usan esta plataforma.

Google Cloud Platform, en cambio, tiene un enfoque más centrado en el análisis de datos, el aprendizaje automático y la inteligencia artificial. Herramientas como **BigQuery** (para grandes consultas de datos) o **Vertex AI** (para crear modelos de IA) han posicionado a Google como una opción potente para empresas que manejan muchos datos y quieren sacarles partido. Aunque GCP tiene menos cuota de mercado que AWS o Azure, destaca por la facilidad de uso de sus herramientas, su interfaz amigable y su capacidad para integrarse con otros servicios de Google, como Gmail, Drive o Workspace. Para muchos proyectos pequeños o medianos, puede resultar una opción más ágil y sencilla.

Ahora bien, fuera del trío dominante también hay otros **proveedores relevantes** que conviene conocer, sobre todo si se busca una solución más especializada, local o con políticas diferentes. Por ejemplo, **Oracle Cloud** está muy centrado en bases de datos empresariales y gestión de información, mientras que **IBM Cloud** ofrece soluciones híbridas pensadas para empresas tradicionales que están en proceso de transformación digital. En el ámbito europeo, algunos proveedores como **OVHcloud** o **T-Systems** intentan ofrecer una alternativa más alineada con la normativa europea de protección de datos, y son elegidos por quienes priorizan la soberanía digital o buscan proveedores con centros de datos en la UE.

Saber más...

En el contexto actual de adopción de servicios en la nube, la forma en que las empresas españolas reparten su presupuesto entre diferentes proveedores ofrece pistas claras sobre sus estrategias tecnológicas. Según los últimos datos, más de la mitad de las organizaciones optan por una estructura en la que el grueso de su inversión cloud se reparte entre dos proveedores principales. Este enfoque busca equilibrar flexibilidad y rendimiento, sin depender completamente de un único actor. Aun así, un 42,4 % de las empresas sigue apostando por concentrar la mayoría de su presupuesto en un solo proveedor, lo que puede facilitar la gestión, aunque también implica ciertos riesgos. Por otro lado, solo una pequeña parte de las organizaciones distribuye su presupuesto de forma más diversificada. Estos datos reflejan la evolución hacia modelos multicloud, pero también muestran que **la simplificación operativa sigue siendo un criterio fuerte a la hora de tomar decisiones en la nube.**

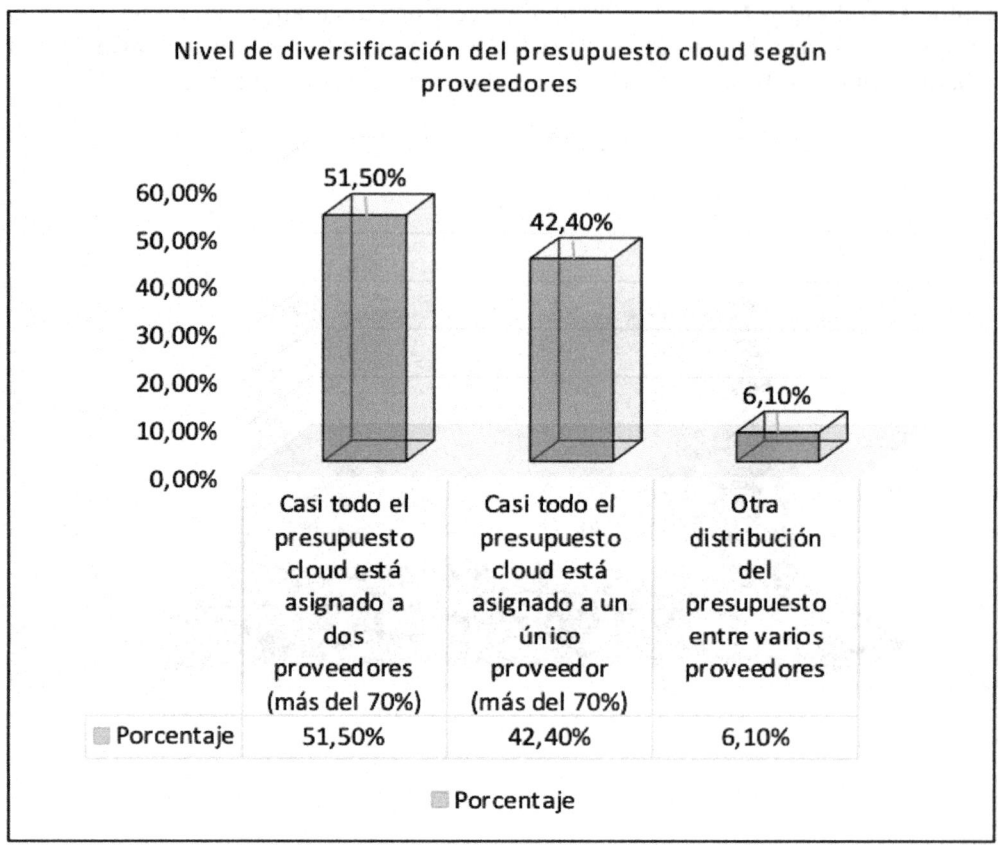

Fuente: Informe Cloud Computing en España 2022 elaborado por Quint.

1.3.1 Amazon Web Services (AWS): el pionero

AWS fue lanzado por Amazon en 2006, y su historia arranca cuando la empresa, inicialmente solo una tienda online, se dio cuenta de que podía alquilar su infraestructura tecnológica a terceros. Así nació el primer gran proveedor de servicios cloud moderno. En sus comienzos ofrecía cosas muy básicas, como almacenamiento (Amazon S3) y servidores virtuales (Amazon EC2), pero con el tiempo ha ido creciendo hasta convertirse en el proveedor más grande del mundo. Hoy cuenta con más de 200 servicios distintos, repartidos en áreas como computación, análisis de datos, inteligencia artificial, seguridad, IoT o blockchain.

AWS funciona a través de una infraestructura global distribuida en regiones y zonas de disponibilidad. Esto permite reducir la latencia, mejorar la disponibilidad y cumplir con normativas locales. Una de sus grandes ventajas es la variedad: ofrece desde soluciones muy técnicas y profundas, hasta herramientas más sencillas listas para usar. Además, es muy escalable y flexible, por lo que sirve tanto para una pequeña aplicación personal como para empresas como Netflix, Airbnb o BBVA, que la utilizan para mover millones de datos cada día.

1.3.2 Microsoft Azure: el integrador empresarial

Azure llegó unos años después, en 2010, pero con el respaldo de Microsoft consiguió crecer muy rápido. Su gran valor está en que **se integra muy bien con el ecosistema Microsoft**: Office 365, Windows Server, Active Directory, Teams... Todo encaja de forma natural. Esto hace que muchas empresas que ya usan productos de Microsoft den el salto a Azure sin complicaciones, aprovechando su entorno conocido y sus licencias unificadas.

Azure ofrece una amplia gama de servicios similares a los de AWS: desde máquinas virtuales hasta plataformas de inteligencia artificial y big data. También destaca en soluciones híbridas, es decir, entornos que combinan infraestructura en la nube y servidores físicos propios. En España, Microsoft ha cerrado acuerdos con instituciones públicas y grandes empresas, y tiene previsto abrir centros de datos en nuestro país, lo que aumenta su atractivo para cumplir con las regulaciones europeas. Su orientación está muy centrada en el mundo empresarial, sobre todo en grandes compañías con sistemas complejos que necesitan modernizarse sin romper lo que ya tienen.

1.3.3 Google Cloud Platform (GCP): el experto en datos

Google Cloud se lanzó en 2008, pero durante años estuvo algo a la sombra de AWS y Azure. Sin embargo, con el tiempo ha ido consolidando su posición gracias a su **especialización en análisis de datos, inteligencia artificial y servicios de machine learning**. No es casualidad: Google es una de las empresas que más datos maneja a nivel mundial, así que sabe muy bien cómo tratarlos.

Entre sus herramientas más populares están BigQuery, para análisis masivo de datos, y Vertex AI, para entrenar modelos de inteligencia artificial sin necesidad de tener grandes conocimientos previos. También destaca por su interfaz intuitiva y su entorno amigable para desarrolladores. GCP es ideal para startups tecnológicas, proyectos de innovación y cualquier empresa que quiera hacer ciencia de datos a gran escala. Además, al integrarse con productos como Gmail, Google Drive o Workspace, facilita la colaboración y la transición desde otros servicios de Google.

Saber más...

El nivel de satisfacción con los principales proveedores de servicios cloud en España muestra diferencias significativas que reflejan tanto la madurez de cada plataforma como la percepción que tienen los usuarios sobre su rendimiento y soporte. **AWS destaca claramente como el proveedor mejor valorado**, con un 44,7 % de los encuestados que se declaran muy satisfechos y un 52,6 % que afirma estar algo satisfecho. Le sigue **Microsoft Azure**, con un 34 % de usuarios muy satisfechos, aunque también es el que registra un mayor porcentaje de usuarios algo insatisfechos (7,5 %). **Google Cloud** obtiene una mayoría de opiniones positivas (66,7 % algo satisfechos), aunque baja a un 26,7 % en la franja de los muy satisfechos y presenta una ligera tasa de insatisfacción (3,3 % en ambos niveles). Por su parte, **Oracle Cloud Infrastructure (OCI)** es el que menos usuarios declara como muy satisfechos (23 %) y acumula un 23,1 % de usuarios algo insatisfechos, lo que lo sitúa como el proveedor con la percepción más dividida. Estos datos muestran cómo, en general, los grandes hiperescalares mantienen altos niveles de aceptación, pero también reflejan que la experiencia del cliente puede variar sensiblemente según la plataforma elegida.

Proveedor	Muy satisfecho	Algo satisfecho	Algo insatisfecho	Muy insatisfecho
AWS	44,7 %	52,6 %	2,6 %	0 %
Google Cloud	26,7 %	66,7 %	3,3 %	3,3 %
Microsoft Azure	34 %	56,6 %	7,5 %	1,9 %
Oracle Cloud Infrastructure	23 %	53,8 %	23,1 %	0 %

Fuente: Informe Cloud Computing en España 2022 elaborado por Quint.

1.3.4 Comparación y elección según necesidades

La elección de un proveedor de servicios en la nube no se hace a la ligera. Entran en juego muchos factores: desde el precio por uso hasta la ubicación de los centros de datos, pasando por el soporte técnico, la escalabilidad del servicio o el cumplimiento normativo. Una empresa que opera en España, por ejemplo, puede preferir un proveedor que tenga centros de datos en territorio nacional o que cumpla estrictamente con el Reglamento General de Protección de Datos (RGPD). Por otra parte, una startup que quiere escalar rápido puede buscar una plataforma con muchos servicios preconfigurados, mientras que una multinacional buscará integración con sus sistemas heredados y herramientas de control granular.

Por ello, elegir un proveedor de servicios en la nube no es simplemente elegir el que esté más de moda. Cada empresa, institución o proyecto tiene sus propias necesidades. Por ejemplo:

AWS (Amazon Web Services)

▶ Si se necesita desplegar una aplicación global con alta disponibilidad y presencia internacional, AWS es una gran opción.

▶ Si se quiere manejar almacenamiento y bases de datos que escalen automáticamente, AWS resulta muy eficiente.

▶ Si el objetivo es implementar arquitectura sin servidor con funciones Lambda, AWS facilita enormemente el proceso.

▶ Si se trabaja con dispositivos conectados y sensores, AWS proporciona servicios avanzados para IoT.

▶ Si se busca distribuir contenido rápidamente a usuarios de todo el mundo, AWS cuenta con un excelente sistema CDN.

▶ Si se requiere una infraestructura con tolerancia a fallos y recuperación ante desastres, AWS ofrece múltiples zonas de disponibilidad.

▶ Si se necesita lanzar máquinas virtuales altamente personalizadas, AWS permite un control detallado.

▶ Si se va a procesar grandes volúmenes de imágenes o vídeos, AWS ofrece potencia y escalabilidad.

▶ Si se quieren automatizar tareas de mantenimiento o actualizaciones de sistemas, AWS tiene múltiples herramientas integradas.

▶ Si se está construyendo una startup tecnológica con previsión de crecimiento rápido, AWS proporciona una base muy escalable.

Microsoft Azure

▶ Si ya se utiliza Active Directory y se desea integrar con la nube, Azure es el camino más directo.

▶ Si las aplicaciones están desarrolladas en .NET, Azure ofrece compatibilidad total y soporte optimizado.

▶ Si se quiere unificar Microsoft 365 con servicios en la nube, Azure permite gestionar todo desde un mismo entorno.

- Si se va a migrar una infraestructura local basada en Windows Server, Azure facilita la transición.

- Si el equipo trabaja con Visual Studio, Azure se integra a la perfección para el desarrollo y despliegue.

- Si se ofrecen servicios educativos con soluciones Microsoft, Azure proporciona entornos adecuados y recursos académicos.

- Si se gestiona una infraestructura TI basada en Microsoft, Azure permite centralizar todo sin grandes cambios.

- Si se desea crear escritorios virtuales con Windows en la nube, Azure tiene soluciones específicas para ello.

- Si la empresa necesita mantener políticas de seguridad integradas con la nube, Azure facilita esta continuidad.

- Si se colabora entre sedes con Teams, SharePoint y Office, Azure completa el ecosistema perfectamente.

Google Cloud Platform (GCP)

- Si el proyecto requiere análisis de datos a gran escala en tiempo real, GCP ofrece herramientas potentes como BigQuery.

- Si se busca entrenar modelos de machine learning de forma sencilla, GCP proporciona soluciones accesibles como Vertex AI.

- Si se necesita montar una solución completa de inteligencia artificial, GCP destaca en este campo.

- Si se desea analizar registros y métricas de rendimiento, GCP permite una gestión de logs eficiente.

- Si se va a visualizar datos de manera colaborativa con Google Sheets, GCP se integra perfectamente.

- Si se quieren realizar consultas masivas sin gestionar servidores, BigQuery de GCP es ideal.

- Si se empieza un proyecto de ciencia de datos sin tener infraestructura local, GCP permite avanzar rápidamente.

- Si se trabaja con Gmail, Drive o Workspace, GCP facilita el salto a la nube sin fricciones.

▼ Si el objetivo es lanzar pruebas técnicas con bajo coste y poco mantenimiento, GCP es una opción práctica.

▼ Si se van a construir modelos predictivos sobre datos empresariales, GCP proporciona herramientas para todo el ciclo.

Proveedores europeos / especializados (OVHcloud, T-Systems, Oracle, IBM...)

▼ Si se alojan datos personales sujetos al RGPD y se exige cumplimiento estricto, un proveedor europeo es más recomendable.

▼ Si la empresa quiere que sus datos se mantengan dentro del territorio nacional, un proveedor con centros locales es preferible.

▼ Si se trabaja con organismos públicos que exigen soberanía digital, los proveedores europeos cumplen con esos requisitos.

▼ Si se van a ofrecer servicios educativos en centros regionales, las soluciones europeas aseguran localización y soporte cercano.

▼ Si se desea evitar depender de grandes compañías de EE.UU. por motivos legales, los proveedores europeos son una alternativa sólida.

▼ Si se necesita una solución híbrida para mantener parte de la infraestructura local, IBM Cloud ofrece opciones potentes.

▼ Si el sistema de gestión empresarial está basado en bases de datos Oracle, Oracle Cloud facilita la continuidad.

▼ Si se busca soporte técnico en español y presencia regional directa, hay proveedores locales que lo garantizan.

▼ Si se participa en licitaciones que exigen cumplir el ENS (Esquema Nacional de Seguridad), un proveedor nacional es lo más adecuado.

▼ Si el proyecto forma parte de iniciativas de la UE que piden infraestructura europea, proveedores como OVHcloud o T-Systems son los preferidos.

ⓘ **Nota**

La clave está en entender qué se necesita, qué presupuesto se maneja, qué nivel técnico tiene el equipo y cuáles son las prioridades: rendimiento, soporte, seguridad, escalabilidad, integración, etc.

1.4 ELECCIÓN DE LOS SERVICIOS EN LA NUBE

Elegir los servicios adecuados en la nube no es algo que se deba hacer al azar ni porque una marca suene más que otra. De hecho, una buena elección puede marcar la diferencia entre un proyecto que se adapta a lo que necesita la empresa y uno que termina siendo un lío técnico o económico. Por eso, antes de lanzarse a contratar servidores, plataformas o aplicaciones, conviene pararse a pensar en varios aspectos. Cada empresa, organización o profesional tiene una realidad distinta, y hay que tenerla en cuenta antes de subir nada a la nube.

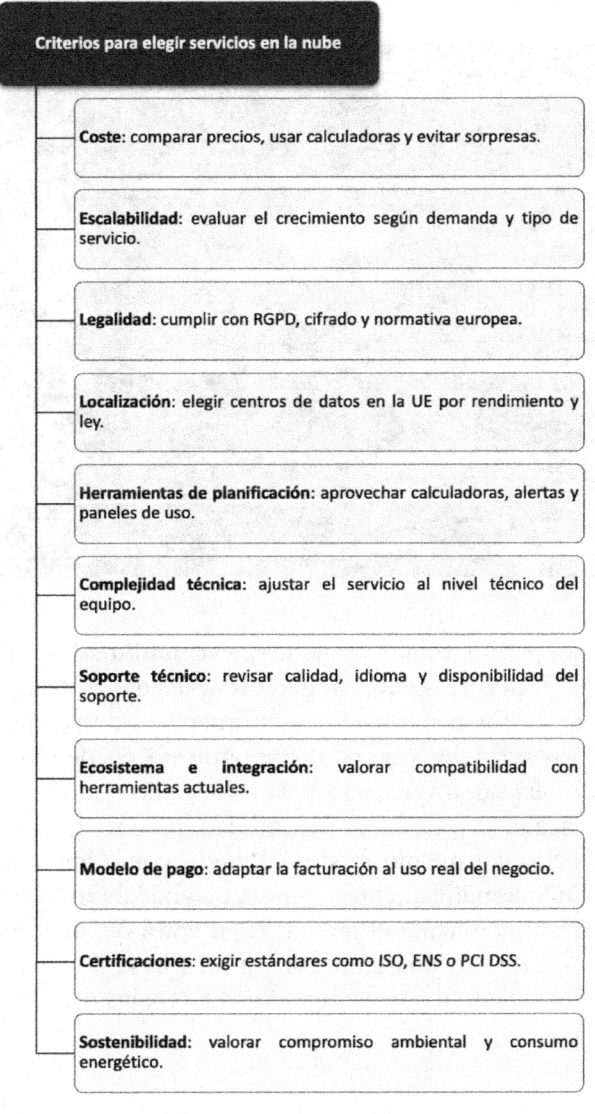

Criterios para elegir servicios en la nube

Coste: comparar precios, usar calculadoras y evitar sorpresas.

Escalabilidad: evaluar el crecimiento según demanda y tipo de servicio.

Legalidad: cumplir con RGPD, cifrado y normativa europea.

Localización: elegir centros de datos en la UE por rendimiento y ley.

Herramientas de planificación: aprovechar calculadoras, alertas y paneles de uso.

Complejidad técnica: ajustar el servicio al nivel técnico del equipo.

Soporte técnico: revisar calidad, idioma y disponibilidad del soporte.

Ecosistema e integración: valorar compatibilidad con herramientas actuales.

Modelo de pago: adaptar la facturación al uso real del negocio.

Certificaciones: exigir estándares como ISO, ENS o PCI DSS.

Sostenibilidad: valorar compromiso ambiental y consumo energético.

Uno de los primeros criterios que suele mirar todo el mundo es el **coste**. Y no es para menos. Aunque la nube permite pagar solo por lo que se usa, lo cierto es que los precios varían mucho según el servicio, el proveedor, el uso previsto o la región donde se aloje el recurso. Aquí es donde herramientas como el **AWS Pricing Calculator** son tremendamente útiles: permiten hacer una estimación bastante detallada del gasto mensual según lo que se quiera montar. Por ejemplo, no cuesta lo mismo tener una instancia EC2 encendida todo el día que solo durante las horas de trabajo. Y si encima esa instancia guarda datos en S3, usa una base de datos relacional y genera logs, el precio sube. Por eso, es importante simular escenarios reales antes de contratar, y evitar sorpresas en la factura.

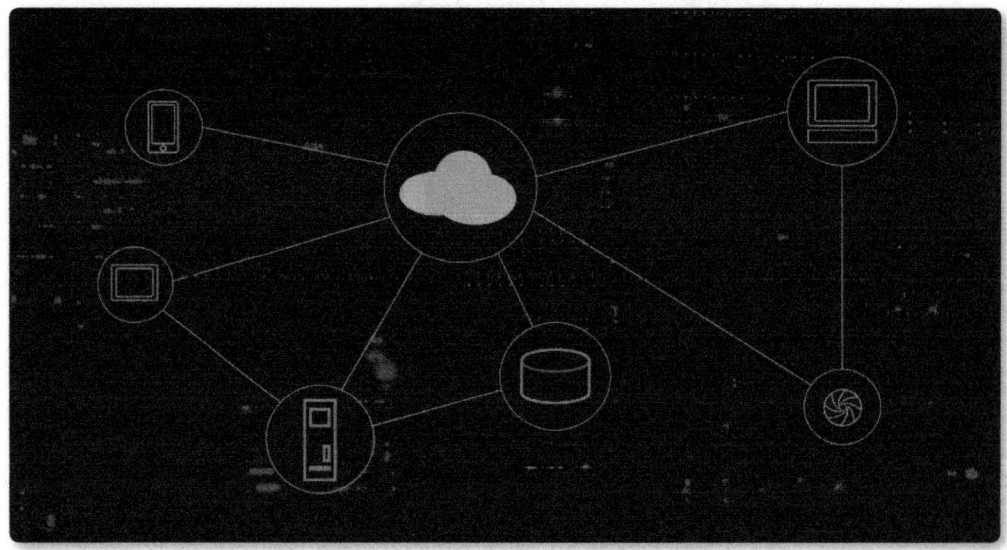

Además del precio, está el tema de la **escalabilidad**. Es decir, qué tan fácil es que el servicio crezca o se reduzca según las necesidades. Imagina una aplicación web que tiene muy pocos usuarios en sus primeras semanas, pero que de repente se hace viral. Si los servicios que se contrataron no pueden escalar rápidamente, el sistema puede colapsar o quedarse corto. La nube tiene la ventaja de que, en general, permite escalar con bastante flexibilidad, pero no todos los servicios están pensados para hacerlo del mismo modo. Algunos, como los servicios sin servidor (serverless), crecen automáticamente según la demanda. Otros, como las instancias reservadas, requieren planificación previa. Aquí entra en juego también el modelo de negocio: no es lo mismo una empresa con una base de clientes estable que un comercio electrónico que tiene picos de tráfico en rebajas o en Navidad.

Otro punto a tener en cuenta, y que cada vez pesa más, es la **legalidad**. En España y en la Unión Europea, existen normativas muy claras sobre dónde pueden estar los datos, quién los gestiona y cómo se protegen. La **LOPDGDD** y el **Reglamento General de Protección de Datos (RGPD)** establecen condiciones que deben cumplir todas las organizaciones que traten información personal. Esto implica que **no todos los servicios cloud son válidos si no garantizan ciertas cosas**, como el cifrado, el control de accesos o la transparencia sobre el lugar físico donde se almacenan los datos. Por eso, muchas empresas exigen que los datos se queden en centros de datos dentro de la UE, lo que nos lleva a otro criterio importante: **la localización**.

La **localización de los datos** no es un detalle menor. Afecta tanto al cumplimiento legal como al rendimiento. Si una empresa española tiene toda su infraestructura alojada en servidores de Estados Unidos, puede encontrarse con problemas de latencia (los datos tardan más en ir y venir), o con conflictos legales si las autoridades piden acceso a esa información bajo leyes extranjeras. Por eso, muchas compañías buscan proveedores que tengan centros de datos en España o al menos en Europa. De hecho, proveedores como AWS, Azure o Google Cloud ya ofrecen la posibilidad de elegir la región donde estarán alojados los recursos. Elegir bien esa ubicación puede marcar la diferencia en temas como velocidad, privacidad o seguridad jurídica.

Y no hay que olvidar las **herramientas de análisis y planificación** que ofrecen los propios proveedores. Ya hemos mencionado el Pricing Calculator de AWS, pero hay muchas más: desde comparadores de servicios hasta paneles que muestran el uso en tiempo real, recomendaciones de ahorro o alertas cuando se superan ciertos límites. Estas herramientas ayudan a tomar decisiones con los pies en la tierra, basadas en datos reales, y no solo en intuiciones. Además, permiten ir ajustando la configuración a medida que cambian las necesidades del negocio, algo muy útil para startups que crecen deprisa o para instituciones públicas que tienen picos de actividad en momentos concretos del año.

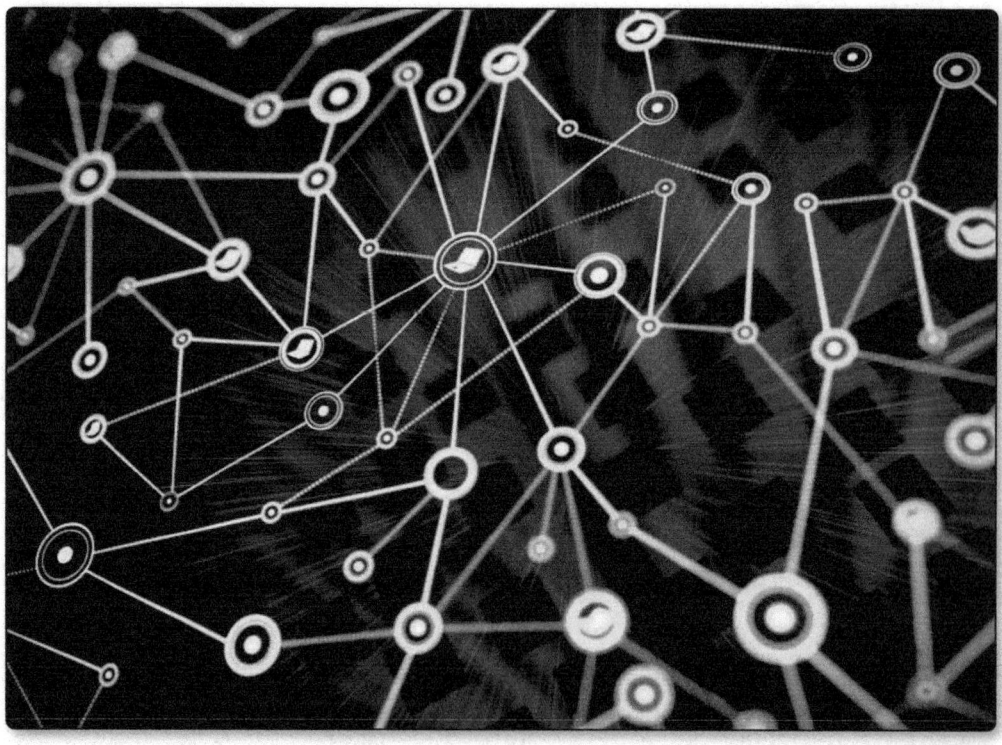

Además de los factores más visibles como el precio o la ubicación, hay algo que muchas veces se pasa por alto: la **complejidad técnica del servicio**. No todos los equipos tienen el mismo nivel de conocimientos ni las mismas capacidades para gestionar entornos cloud. Una pequeña empresa que tiene una única persona encargada de la informática puede necesitar servicios que estén prácticamente listos para usar y no exijan una gran curva de aprendizaje. Por eso, en esos casos puede ser mejor optar por servicios más sencillos o gestionados, aunque el coste sea algo más elevado. Por el contrario, una empresa con un equipo técnico consolidado podrá aprovechar al máximo servicios avanzados como Kubernetes, balanceadores de carga personalizados o redes privadas virtuales complejas, que exigen más configuración pero permiten mayor control.

También conviene observar qué **tipo de soporte técnico** ofrece el proveedor. No todos los servicios en la nube incluyen el mismo nivel de asistencia, y esto puede marcar una diferencia importante si algo falla. Algunos proveedores ofrecen soporte básico a través de foros o documentación, mientras que otros permiten contactar con personal técnico especializado, ya sea por correo, chat o incluso teléfono, aunque en muchos casos esto implica un coste adicional. En contextos donde hay servicios críticos que no pueden detenerse —por ejemplo, una tienda online que vende 24/7— tener soporte técnico ágil y personalizado puede evitar pérdidas importantes. También hay empresas que valoran mucho tener soporte en su idioma, algo a tener en cuenta si se prioriza la comunicación rápida y clara.

Otra cuestión a valorar es el **ecosistema de integración**. Hay proveedores que ofrecen una nube muy abierta, con miles de servicios disponibles y compatibilidad con una gran variedad de lenguajes, plataformas y herramientas. Otros están más centrados en su propio entorno y funcionan mejor si se utilizan sus propios productos asociados. Por ejemplo, Azure tiene una integración muy potente con todos los servicios de Microsoft, lo que puede ser perfecto si ya se trabaja con Windows, Office o Teams. En cambio, AWS o Google Cloud ofrecen una experiencia más neutral en cuanto a sistemas operativos, bases de datos o marcos de desarrollo. Según las herramientas que ya se estén utilizando dentro de la empresa, puede resultar más conveniente apostar por un proveedor que encaje bien con lo que ya hay, en lugar de empezar desde cero.

También es interesante considerar el **modelo de pago y facturación** que se adapta mejor al flujo de trabajo. Algunos proyectos tienen un uso continuo y previsible, lo cual permite optar por precios fijos o servicios reservados a largo plazo, con descuentos por compromiso. Pero hay otros donde el uso es variable, imprevisible o muy estacional. En esos casos, puede convenir un modelo flexible, con facturación por segundos o minutos, y sin necesidad de compromisos a largo plazo. Por ejemplo, una universidad que lanza un portal durante los meses de matrícula puede usar servidores en la nube solo durante ese periodo, y apagarlos después sin seguir pagando. Entender bien estas opciones permite ajustar el gasto real al ritmo del negocio.

No hay que dejar de lado el **cumplimiento de estándares técnicos o sectoriales**, sobre todo en áreas reguladas como la sanidad, la banca o el sector público. Algunos servicios en la nube cuentan con certificaciones específicas como ISO/IEC 27001 (seguridad de la información), PCI DSS (para pagos online), o el cumplimiento del Esquema Nacional de Seguridad en España. Si se trabaja con datos sensibles, financieros o clínicos, es necesario comprobar que el proveedor cumple con esos marcos normativos. De lo contrario, el proyecto podría enfrentarse a sanciones o incluso descartarse en procesos de contratación pública.

Y finalmente, hay un factor cada vez más valorado por muchas organizaciones: la **sostenibilidad y el impacto ambiental**. La nube, como infraestructura global, consume muchísima energía. Algunos proveedores están haciendo esfuerzos importantes para usar energía renovable en sus centros de datos, reducir las emisiones de carbono y hacer más eficiente su infraestructura. Google, por ejemplo, ha sido pionera en alcanzar un balance neutro de carbono en sus operaciones. AWS y Microsoft también publican informes de sostenibilidad y han anunciado compromisos de reducción de emisiones. Para algunas empresas y entidades públicas, esto no es solo una cuestión de imagen, sino una parte esencial de su política de responsabilidad social.

Recurso

A continuación, se expone una plantilla de ficha de elección de servicios en la nube:

FICHA DE ELECCIÓN DE SERVICIOS EN LA NUBE	
CRITERIO	RESPUESTA / OBSERVACIONES
Nombre del proyecto o servicio	
Objetivo del uso de la nube	
Tipo de aplicación o sistema	(Web, app móvil, API, base de datos, IoT, etc.).
Escalabilidad esperada	(Tráfico constante, picos por campañas, crecimiento rápido...).
Presupuesto mensual o anual estimado	
Nivel técnico del equipo responsable	(Bajo – Medio – Alto).
¿Se requieren servicios gestionados?	☐ Sí ☐ No ☐ Depende del servicio.
Requisitos legales y normativos aplicables	(RGPD, LOPDGDD, ENS, PCI-DSS...).
Localización preferente de los datos	(España, Europa, sin preferencia...).
Compatibilidad con sistemas actuales	(Microsoft 365, Google Workspace, Linux, bases de datos, etc.).
Modelo de pago preferido	☐ Por uso (on demand) ☐ Fijo mensual ☐ Reservado ☐ Otro: _____
Necesidad de soporte técnico especializado	☐ Soporte básico ☐ 24/7 ☐ Idioma español ☐ SLA personalizado
Certificaciones necesarias del proveedor	
Valoración del compromiso ambiental	☐ No relevante ☐ Deseable ☐ Prioritario
Proveedores considerados	(AWS, Azure, GCP, Oracle Cloud, OVHcloud, IBM, etc.).
Servicios específicos a contratar	(EC2, S3, App Engine, Cloud Functions, Load Balancer, etc.).
Motivo de la elección final	(Razones de peso que justifican la decisión: coste, seguridad, soporte, escalabilidad, etc.).

1.5 FORTALEZAS Y DEBILIDADES DE LOS SERVICIOS EN LA NUBE

Cuando se habla de servicios en la nube, es fácil dejarse llevar por el entusiasmo de todo lo que prometen. Y lo cierto es que ofrecen ventajas muy potentes que han transformado el modo en que las empresas, administraciones y profesionales acceden a la tecnología. Sin embargo, como cualquier solución tecnológica, también tienen sus limitaciones. Por eso, antes de lanzarse de lleno, conviene mirar con calma qué aspectos destacan de verdad y en qué puntos pueden aparecer los inconvenientes, sobre todo si se tiene en cuenta el marco normativo y tecnológico en el que se mueve España.

Una de las grandes fortalezas de la nube es su **elasticidad**. Este término, que puede sonar técnico al principio, no es más que la capacidad de adaptarse de forma automática a lo que se necesita en cada momento. Si una tienda online recibe 200 visitas por hora normalmente y de repente, por una promoción, entra un aluvión de 10.000 usuarios, la nube permite aumentar los recursos al instante para que todo siga funcionando sin colapsos. Y si al día siguiente vuelve a la normalidad, los recursos también se ajustan. Este comportamiento dinámico sería muy difícil —o carísimo— de replicar en un sistema tradicional basado en servidores físicos comprados por la empresa. En este sentido, la nube actúa como un sistema vivo, que responde en tiempo real al ritmo del negocio.

Otra ventaja muy valorada es la **alta disponibilidad**. Los grandes proveedores de servicios en la nube tienen centros de datos repartidos por todo el mundo, con sistemas de redundancia y copias de seguridad constantes. Esto significa que, aunque falle un servidor o incluso un centro de datos entero, los servicios pueden seguir funcionando sin que el usuario final lo note. Para empresas que ofrecen servicios online —desde bancos hasta plataformas de streaming o sistemas sanitarios— esta capacidad de estar siempre accesible es fundamental. En lugar de depender de una máquina en una oficina concreta, todo está replicado y preparado para recuperarse rápidamente ante cualquier imprevisto.

Además, el modelo de **pago por uso** resulta especialmente atractivo para muchas organizaciones. En lugar de tener que invertir miles de euros por adelantado en comprar servidores, licencias o sistemas, la nube permite empezar a trabajar desde cero y escalar poco a poco. Esto democratiza el acceso a tecnologías que antes solo estaban al alcance de grandes compañías. Una pyme, una startup o incluso un centro educativo pueden montar soluciones profesionales pagando solo por lo que consumen: almacenamiento, potencia de cálculo, ancho de banda... Nada más. Y si un mes se necesita más, se paga más; si otro mes baja la actividad, también lo hace el coste. Este modelo flexible encaja muy bien en entornos cambiantes o en proyectos que van explorando nuevas ideas.

Ahora bien, también hay **debilidades que conviene tener muy presentes**, y que en algunos casos pueden ser un obstáculo si no se gestionan bien. Una de las más comentadas es la **dependencia del proveedor**. Cuando se usa un servicio en la nube, se está cediendo parte del control a una empresa externa. Esto implica que cualquier cambio en las condiciones, en el precio, en la disponibilidad de una herramienta o incluso una interrupción del servicio afecta directamente al cliente. Algunas organizaciones han descubierto, por ejemplo, que cambiar de proveedor más adelante puede ser complicado o costoso, sobre todo si se han usado servicios muy específicos de una plataforma. Esta situación, conocida como *vendor lock-in*, puede limitar la libertad de acción en el futuro.

Otro aspecto es la **latencia**, es decir, el tiempo que tardan los datos en viajar desde el usuario hasta el servidor y volver. Aunque en muchas situaciones este retraso es mínimo, puede ser un problema cuando se necesita una respuesta en tiempo real: videojuegos online, sistemas de trading financiero, o aplicaciones médicas que gestionan urgencias, por ejemplo. En España, esta latencia puede verse afectada si los centros de datos del proveedor están fuera del país. Aunque ya existen zonas como "AWS Europa (Madrid)", muchas empresas siguen usando regiones ubicadas en Irlanda, Alemania u otras partes de Europa. Por eso, la localización del servidor sigue siendo un criterio técnico que hay que revisar con cuidado.

Y llegamos a un punto especialmente delicado en el contexto español y europeo: las **normativas legales**. En España, leyes como la LOPDGDD y el cumplimiento del Reglamento General de Protección de Datos (RGPD) obligan a que los datos personales estén protegidos de forma rigurosa. Esto no solo implica cifrarlos o limitar quién accede a ellos, sino también saber exactamente dónde se almacenan y bajo qué jurisdicción. Algunas empresas han sido sancionadas por almacenar datos sensibles en servidores ubicados fuera del Espacio Económico Europeo sin garantías adecuadas. Además, el Esquema Nacional de Seguridad (ENS) establece requisitos adicionales cuando se trata de administraciones públicas o entidades que gestionan servicios críticos. Por eso, antes de contratar un servicio en la nube, es importante comprobar que el proveedor cumple estas obligaciones y que tiene políticas claras de transparencia, recuperación de datos y control de accesos.

Uno de los elementos que está ayudando a **reducir la distancia entre lo ideal y lo real** en el uso de servicios cloud es la creciente profesionalización en torno a la gestión de estos entornos. Cada vez es más habitual encontrar perfiles técnicos especializados en arquitecturas en la nube, administración de plataformas como AWS o Azure, y gestión de costes o seguridad en entornos híbridos. Esto ha generado un mercado laboral en expansión y también una oportunidad para las empresas españolas de **formar o contratar talento que les ayude a tomar decisiones más inteligentes**. No se trata simplemente de saber usar una herramienta, sino de entender cómo encaja en una estrategia tecnológica más amplia, que tenga en cuenta no solo lo técnico, sino lo económico, lo normativo y lo organizativo.

Otro aspecto que merece atención es cómo afecta la nube a la **forma de trabajar**. Gracias a ella, muchas organizaciones han podido adoptar modelos más flexibles, como el teletrabajo o el trabajo en remoto, sin necesidad de grandes inversiones. Plataformas como Microsoft 365, Google Workspace o servicios de escritorios virtuales permiten que un empleado acceda a sus herramientas desde cualquier lugar con conexión, sin depender de una oficina física o de un servidor interno. Esta transformación, que se aceleró durante la pandemia, ha llegado para quedarse, y ha cambiado la forma en que se diseñan los proyectos, se comparten archivos o se comunican los equipos. La nube ha sido una palanca para el cambio cultural, **facilitando la colaboración, el acceso compartido y la movilidad profesional**.

Ahora bien, el uso extendido de estos servicios también ha planteado **nuevos retos relacionados con la soberanía digital**. En Europa, y especialmente en España, han surgido iniciativas que promueven el uso de proveedores que garanticen que los datos europeos permanecen bajo legislación europea. Este movimiento, conocido como *cloud soberana*, ha impulsado la aparición de soluciones como GAIA-X o la potenciación de proveedores locales como T-Systems o OVHcloud. Aunque aún no tienen el alcance global de gigantes como AWS o Google, estas alternativas ofrecen más control legal y una mayor alineación con políticas públicas, lo que puede ser especialmente interesante para administraciones, universidades o empresas del sector público.

También se están dando pasos para **mejorar la transparencia y la confianza en los servicios en la nube**. Por ejemplo, algunos proveedores ya ofrecen información detallada sobre dónde se almacenan los datos, qué tipo de cifrado se usa, cómo se hacen las copias de seguridad o qué medidas hay frente a ciberataques. Incluso hay paneles donde se puede ver en tiempo real el estado de los centros de datos o los tiempos de respuesta del servicio. Estas acciones, que hace unos años eran poco comunes, ahora se valoran como parte fundamental de la experiencia, y permiten que los usuarios tomen decisiones con más información sobre la mesa.

En cuanto al **uso estratégico de la nube en España**, cabe destacar que muchas pymes aún están en fase de transición. Según datos recientes del ONTSI (Observatorio Nacional de Tecnología y Sociedad), aunque la adopción de servicios cloud ha aumentado notablemente, **el uso avanzado todavía está concentrado en grandes empresas** o en sectores muy digitalizados. Muchas pequeñas empresas utilizan la nube para correo o almacenamiento, pero no para procesos críticos o automatizados. Aquí hay una oportunidad clara para crecer, especialmente si se impulsa la formación y se diseñan soluciones más accesibles. A la vez, también representa una llamada de atención: si no se acompaña el proceso con una estrategia sólida, es fácil caer en errores de sobredimensionamiento, dependencia o gasto ineficiente.

Por eso, más allá de las características técnicas, lo más importante es tener una **visión clara y realista de lo que se espera conseguir** con los servicios en la nube. No todo se trata de ir al proveedor más grande ni de contratar lo más potente. Lo esencial es alinear la tecnología con los objetivos del proyecto, con los recursos disponibles y con el marco legal y operativo en el que se va a trabajar. En España, donde conviven empresas muy digitalizadas con otras que están dando sus primeros pasos en transformación digital, el reto es adaptar las soluciones cloud al ritmo y la escala de cada caso, sin imponer un modelo único.

Saber más…

Según el informe *Cloud Computing en España 2020*, presentado por la consultora de estrategia **Quint**, las empresas españolas están redefiniendo su manera de trabajar y de estructurar sus operaciones en un contexto económico cambiante. La incertidumbre provocada por los cambios del entorno ha empujado a muchas organizaciones a adoptar modelos más flexibles y abiertos, donde la innovación no es un extra, sino un pilar para mantener la continuidad del negocio. En esta transformación, la **nube está desempeñando un papel clave**, especialmente por su capacidad para soportar nuevas arquitecturas distribuidas, adaptarse a escenarios imprevistos y mejorar la experiencia de usuario a través de canales digitales más sólidos.

Este estudio, basado en la opinión de más de un centenar de responsables de transformación digital en empresas españolas, recoge no solo la evolución del uso de servicios cloud, sino también el modo en que las compañías perciben a los diferentes proveedores. Se valoran elementos como la calidad del servicio, la facilidad para gestionar cuentas, la flexibilidad en los contratos o la competitividad en los precios. Una de las principales conclusiones del informe es que casi **ocho de cada diez directivos ven en la nube una palanca real para la recuperación económica**. La posibilidad de seguir operando durante la pandemia, mantener equipos en remoto o avanzar en la digitalización han sido logros atribuidos directamente a esta tecnología.

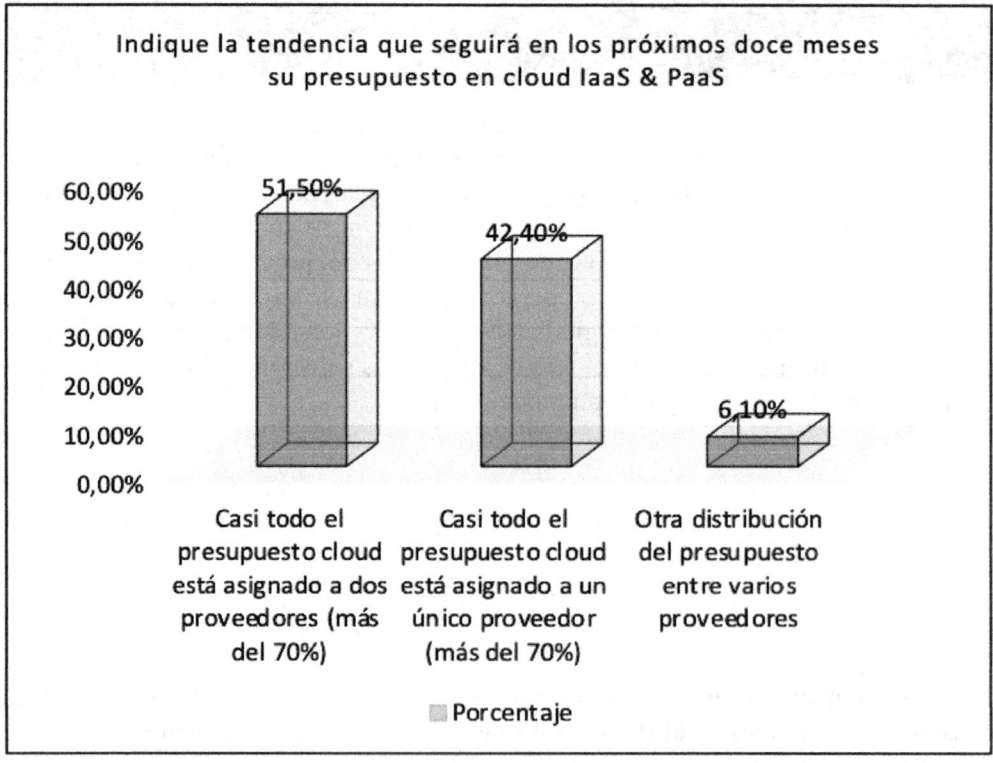

Fuente: Informe Cloud Computing en España 2020 elaborado por Quint.

El documento también señala un **cambio significativo en las prioridades de uso**. Aunque durante años la nube privada fue la más empleada en España, en 2020 se confirmó una tendencia que venía gestándose desde 2018: el crecimiento acelerado de la nube pública. Este año se produce lo que el informe llama un "sorpasso", ya que los entornos híbridos y la nube pública comienzan a superar en implantación a los modelos privados. Aun así, la nube privada mantiene su relevancia en áreas como la seguridad, las comunicaciones o el almacenamiento, mientras que la nube pública se está consolidando en servicios relacionados con el puesto de trabajo, como escritorios virtuales o herramientas colaborativas.

En cuanto a las funcionalidades más usadas, destacan el correo electrónico, las aplicaciones ofimáticas, el almacenamiento en la nube, y la capacidad de procesamiento, lo que muestra que muchas empresas siguen apostando por migrar tareas básicas y cotidianas como primer paso en su transformación. Sin embargo, el informe también revela un **aumento notable en el despliegue de servicios más avanzados**, como aplicaciones de negocio, plataformas de analítica de datos o soluciones orientadas a la ciberseguridad. Esto indica un grado creciente de madurez en el uso del cloud, que ya no se limita a lo esencial.

Respecto a la percepción general, **el 89% de las organizaciones españolas afirman estar parcial o totalmente satisfechas con los servicios en la nube**, lo que refleja una buena acogida en el mercado. Las grandes plataformas —como AWS, Microsoft Azure y Google Cloud— continúan destacando como proveedores de referencia, especialmente en lo que se refiere a fiabilidad, amplitud del catálogo de servicios y capacidad de innovación. Aun así, el informe también muestra que **aspectos como el precio siguen pesando mucho en la decisión final**, por encima incluso de otros factores técnicos. Además, ganan importancia nuevas variables como la experiencia del proveedor en sectores concretos (verticalización), su capacidad de adaptación o su presencia en territorio nacional.

Esta última cuestión —la cercanía geográfica del proveedor— ha sido el criterio que más ha crecido en importancia, algo que refleja una inquietud creciente por mantener los datos dentro del país o cerca del entorno regulatorio europeo. Esta tendencia encaja con los debates actuales sobre **soberanía digital** y con la necesidad de asegurar el cumplimiento normativo en un entorno tan sensible como la nube.

1.6 PRUEBA DE AUTOEVALUACIÓN DE LA UNIDAD

1. **¿Cuál es una de las ventajas principales de la arquitectura en microservicios?**

   a) Permite escribir todo el código en un único archivo

   b) Cada componente se despliega de forma independiente

   c) Solo se puede usar en aplicaciones móviles

2. **¿Qué modelo de servicio cloud permite tener acceso root y configurar desde el sistema operativo?**

   a) SaaS

   b) PaaS

   c) IaaS

3. **¿Cuál es una característica común del modelo SaaS?**

   a) Ofrece herramientas para compilar código

   b) Proporciona software listo para usar desde un navegador

   c) Permite montar redes virtuales personalizadas

4. **¿Qué proveedor destaca por su integración natural con herramientas como Teams y Office 365?**

   a) Google Cloud

   b) Microsoft Azure

   c) Oracle Cloud

5. **¿Para qué sirve el AWS Pricing Calculator?**

   a) Para calcular el número de usuarios que pueden acceder a un servidor

   b) Para estimar el coste mensual de una solución en la nube

   c) Para detectar errores de código en tiempo real

6. ¿Qué es lo más habitual en una arquitectura en capas?

a) Que toda la lógica esté integrada en una sola función

b) Que cada capa tenga una función específica, como presentación o datos

c) Que el código se escriba en ensamblador

7. ¿Qué tipo de arquitectura fue habitual en los inicios de internet?

a) Arquitectura cliente-servidor

b) Arquitectura en blockchain

c) Arquitectura de gemelos digitales

8. ¿Cuál es uno de los riesgos de depender en exceso de un único proveedor cloud?

a) Reducción de latencia global

b) Vendor lock-in o dependencia difícil de revertir

c) Acceso ilimitado a funciones experimentales

9. ¿Qué proveedor está más enfocado al análisis de datos y al machine learning?

a) AWS

b) Google Cloud Platform

c) IBM Cloud

10. ¿Cuál es el principal obstáculo que impide a muchas empresas españolas migrar a la nube, según informes recientes?

a) Coste del hardware

b) Falta de personal cualificado en cloud

c) Falta de redes 5G

1. La arquitectura en _____ divide el sistema en capas como presentación, lógica de negocio y acceso a datos.

2. Con el modelo _____ el usuario puede acceder a aplicaciones listas para usar sin necesidad de instalación.

3. AWS, Azure y Google Cloud son los principales _____ de servicios en la nube a nivel internacional.

4. Uno de los retos más comentados del entorno cloud es el fenómeno conocido como _____, que implica dificultades para cambiar de proveedor.

5. El modelo _____ es ideal cuando se necesita flexibilidad total para configurar entornos personalizados desde cero.

Respuestas

Tipo test:

   b) Cada componente se despliega de forma independiente
   c) IaaS
   b) Proporciona software listo para usar desde un navegador
   b) Microsoft Azure
   b) Para estimar el coste mensual de una solución en la nube
   b) Que cada capa tenga una función específica, como presentación o datos
   a) Arquitectura cliente-servidor
   b) Vendor lock-in o dependencia difícil de revertir
   b) Google Cloud Platform
   b) Falta de personal cualificado en cloud

Frases con huecos:

   1. capas
   2. SaaS
   3. proveedores
   4. vendor lock-in
   5. IaaS

2

CREACIÓN Y GESTIÓN DE UNA CUENTA FREE-TIER Y ENTORNO DE TRABAJO

Una vez claros los conceptos generales, llega el momento de dar los primeros pasos dentro del entorno real de trabajo. Este bloque tiene un enfoque muy práctico: se aprenderá cómo crear una cuenta gratuita en AWS (free tier), qué límites tiene y cómo se pueden aprovechar sus servicios sin coste durante el primer año. Además, se explicará cómo iniciar sesión en la consola de administración y cómo moverse por ella con soltura. Se trata de quitarse el miedo inicial y familiarizarse con el panel, las categorías de servicios, los accesos de seguridad y otros elementos esenciales que se verán una y otra vez. Es como abrir por primera vez la puerta del taller: conviene saber dónde está cada cosa antes de empezar a construir. Esta parte también es clave para aplicar buenas prácticas desde el principio y evitar sustos por uso indebido o costes innecesarios.

2.1 CUENTA FREE-TIER: CREAR CUENTA EN AWS

Entrar al mundo de la computación en la nube puede parecer complicado al principio, sobre todo si uno viene de trabajar con programas instalados en el ordenador o con servidores físicos. Pero lo cierto es que hoy en día es más fácil de lo que parece empezar a experimentar con servicios cloud, sobre todo si se aprovecha lo que ofrecen los proveedores de manera gratuita. En este sentido, Amazon Web Services (AWS) tiene una propuesta muy interesante: su capa *free-tier*, es decir, un conjunto de servicios gratuitos con los que se puede empezar a trastear, hacer pruebas o incluso montar pequeños proyectos sin gastar un euro.

La cuenta *free-tier* de AWS está pensada precisamente para eso: aprender, explorar y entender cómo funciona todo este ecosistema sin necesidad de tener un presupuesto. No se trata de una demo limitada en funciones, ni de una trampa para que termines pagando sin darte cuenta. Es una oportunidad real para familiarizarse con los servicios más conocidos de AWS de forma segura y con bastante libertad. Y lo mejor es que, si se hace un uso responsable, no hay cargos ocultos ni sorpresas desagradables al final del mes. Por eso, es ideal para estudiantes, desarrolladores que están empezando o incluso profesionales que quieren hacer pruebas antes de decidir si migran un proyecto.

Vamos a ver, paso a paso, cómo se puede crear esta cuenta *free-tier*.

Lo primero es ir directamente a la web oficial de AWS. Ahí empieza el proceso de registro, que no difiere demasiado de lo que estamos acostumbrados en otras plataformas, aunque con algunos detalles importantes. Te pedirán tu nombre completo, una dirección de correo electrónico válida, una contraseña segura y el nombre de la cuenta que quieres asociar, que puede ser el nombre de tu empresa o simplemente tu nombre personal si es una cuenta individual.

Enlace de registro: https://signin.aws.amazon.com/signup?request_type=register

Verificación de seguridad   ✕

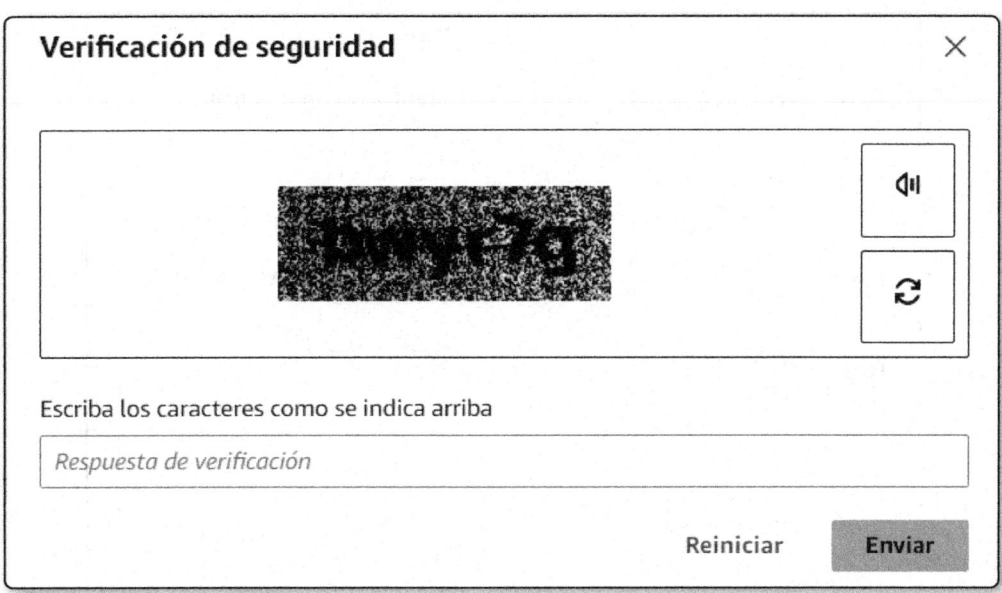

Escriba los caracteres como se indica arriba

Respuesta de verificación

Reiniciar   **Enviar**

Regístrese en AWS.

Descubra los productos del nivel gratuito con una nueva cuenta de AWS.

Si desea obtener más información, visite aws.amazon.com/free.

Crear su contraseña

⊘ Es usted. Su dirección de correo   ✕
electrónico se ha verificado
correctamente.

Su contraseña le proporciona acceso para iniciar sesión en AWS, por lo que es importante que la introduzcamos correctamente.

Contraseña de usuario raíz

Confirme la contraseña de usuario raíz

Continuar (paso 1 de 5)

O

Iniciar sesión en una cuenta de AWS existente

Registrarse en AWS

Ofertas de la capa gratuita

Todas las cuentas de AWS pueden explorar 3 tipos diferentes de ofertas gratuitas, en función del producto utilizado.

Siempre gratis

Nunca vence

12 meses gratis

Inicio a partir de la fecha de registro inicial

Pruebas

Inicio a partir de la fecha de activación del servicio

Información de contacto

¿Cómo tiene previsto utilizar AWS?

○ Empresarial: para su trabajo, escuela u organización

○ Personal: para sus propios proyectos

¿A quién debemos contactar para consultar sobre esta cuenta?

Nombre completo

Código de país   Número de teléfono

+34 ▼   222-333-4444

País o región

Estados Unidos   ▼

Línea de dirección 1

Línea de dirección 2

Apartamento, suite, unidad, edificio, plant

Ciudad

Estado, provincia o región

Código postal

☐ He leído y acepto los términos del Contrato de usuario de AWS [↗].

Aceptar y continuar (paso 2 de 5)

Una vez introducidos esos datos, llega el momento de verificar el método de pago. Y aquí es donde muchas personas se frenan, porque AWS pide una tarjeta de crédito o débito válida. Es totalmente normal tener dudas en este paso, pero es importante entender que no te van a cobrar nada si te mantienes dentro de los límites gratuitos. AWS pide esta información para verificar que eres una persona real y para poder facturar en caso de que en algún momento sobrepases el uso gratuito. Además, te mandan una notificación cuando estás a punto de pasarte, así que puedes controlar el gasto fácilmente desde el panel de administración.

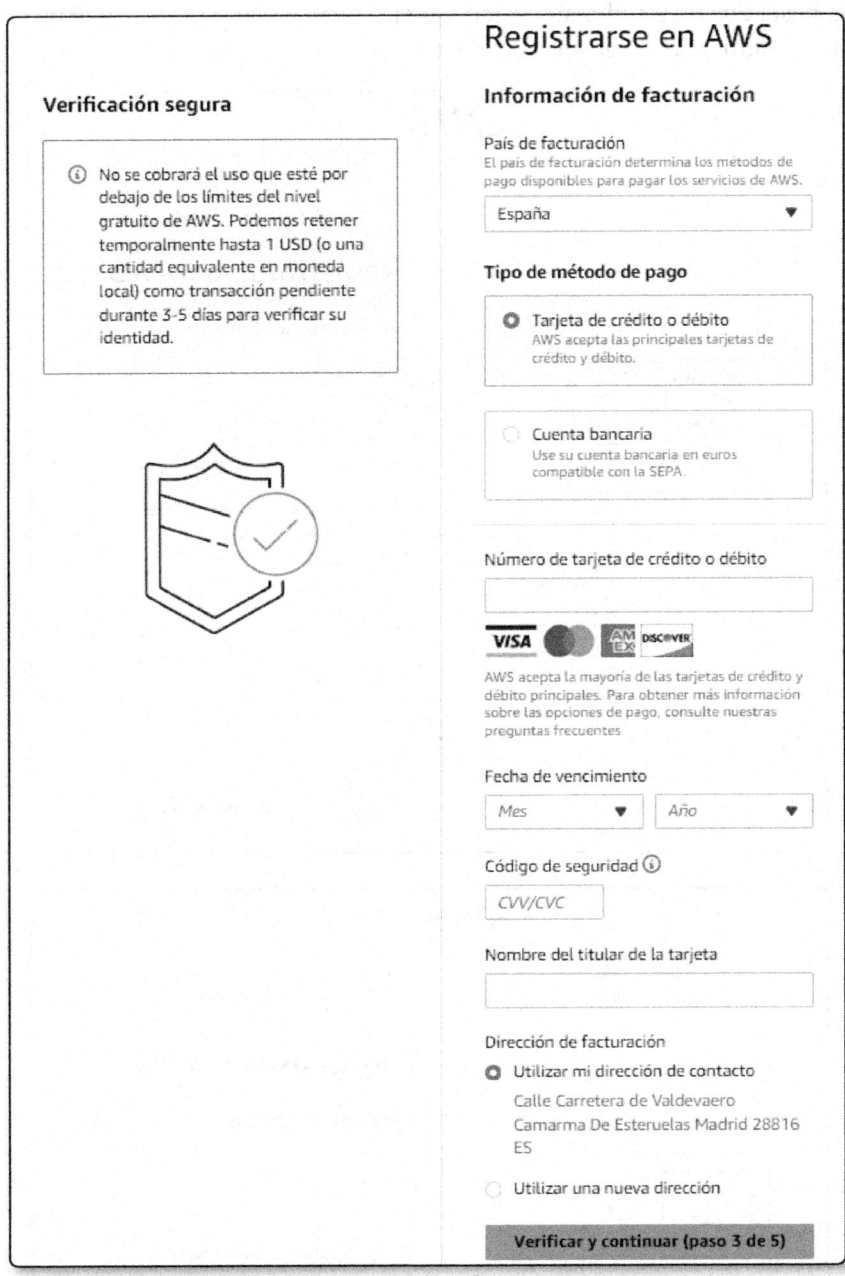

Después de validar la tarjeta, hay que confirmar la identidad. AWS suele hacer esto pidiendo que introduzcas un número de teléfono al que envían un código por SMS o mediante una llamada automática. Una vez hecho esto, solo queda elegir el plan. Aquí hay tres opciones: *basic*, *developer* y *business*. Para usar la capa gratuita, basta con elegir el plan básico, que no tiene coste adicional y te da acceso a todas las herramientas de gestión desde la consola.

Registrarse en AWS

Seleccionar un plan de soporte

Elija un plan de soporte para su cuenta personal o empresarial. Compare planes y ejemplos de precio ⤴. Puede cambiar su plan en cualquier momento desde la consola de administración de AWS.

⦿ Soporte de nivel Basic: gratis

- Recomendado para los usuarios nuevos que recién comienzan a utilizar AWS
- Acceso de autoservicio las 24 horas del día, los 7 días de la semana a los recursos de AWS
- Solo para problemas de facturación y cuentas
- Acceso a Personal Health Dashboard y Trusted Advisor

○ Soporte Developer: a partir de 29 USD al mes

- Recomendado para desarrolladores que experimentan con AWS
- Acceso por correo electrónico a AWS Support durante el horario laboral
- Tiempos de respuesta de 12 horas (horario laboral)

○ Soporte Business: a partir de 100 USD al mes

- Recomendado para ejecutar cargas de trabajo de producción en AWS
- Soporte técnico las 24 horas, los 7 días de la semana por correo electrónico, teléfono y chat
- Tiempos de respuesta de 1 hora
- Conjunto completo de recomendaciones de prácticas de Trusted Advisor

¿Necesita soporte de nivel Enterprise?

A partir de los 15 000 USD por mes, tendrá tiempos de respuesta de 15 minutos y una experiencia de conserje con un director técnico de cuenta asignado. Más información ⤴

Finalizar registro

En pocos minutos, tendrás tu cuenta activa y ya podrás acceder a la consola de AWS, ese espacio desde donde puedes gestionar todos los servicios, crear servidores, configurar bases de datos o lanzar tus aplicaciones. La consola puede abrumar al principio por la cantidad de opciones, pero con calma y curiosidad se le coge el truco. Además, hay muchos tutoriales dentro de la propia plataforma que ayudan a dar los primeros pasos.

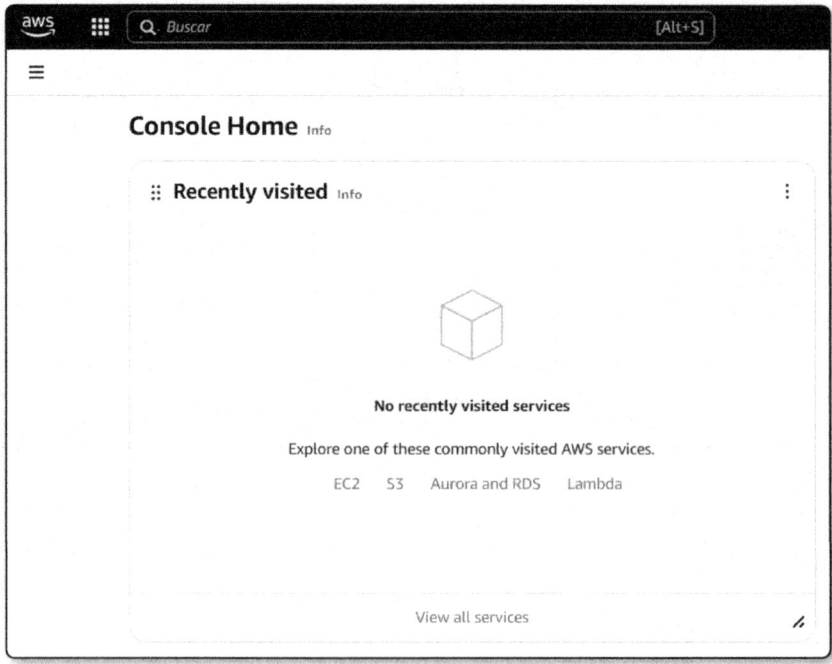

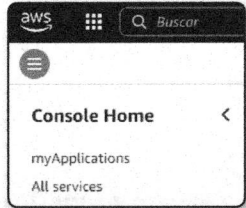

aws
Buscar
Console Home
myApplications
All services

Buscar
[Alt+S]
Visitados recientemente
Favoritos
Todas las aplicaciones
Todos los servicios
Administración financiera en la nube
Administración y gobierno
Almacenamiento
Análisis
Aplicaciones empresariales
Base de datos
Cadena de bloques
Contenedores
Desarrollo de videojuegos
Habilitación para clientes
Herramientas para desarrolladores
Informática
Informática para usuarios finales
Integración de aplicaciones
Internet de las cosas
Machine Learning
Migración y transferencia
Móvil
Quantum Technologies
Redes y entrega de contenido
Robótica
Satélite
Seguridad, identidad y conformidad
Servicios multimedia
Visitados recientemente
Página de inicio de la consola
Ver información sobre recursos, accesos directos a servicios y actualizaciones de características

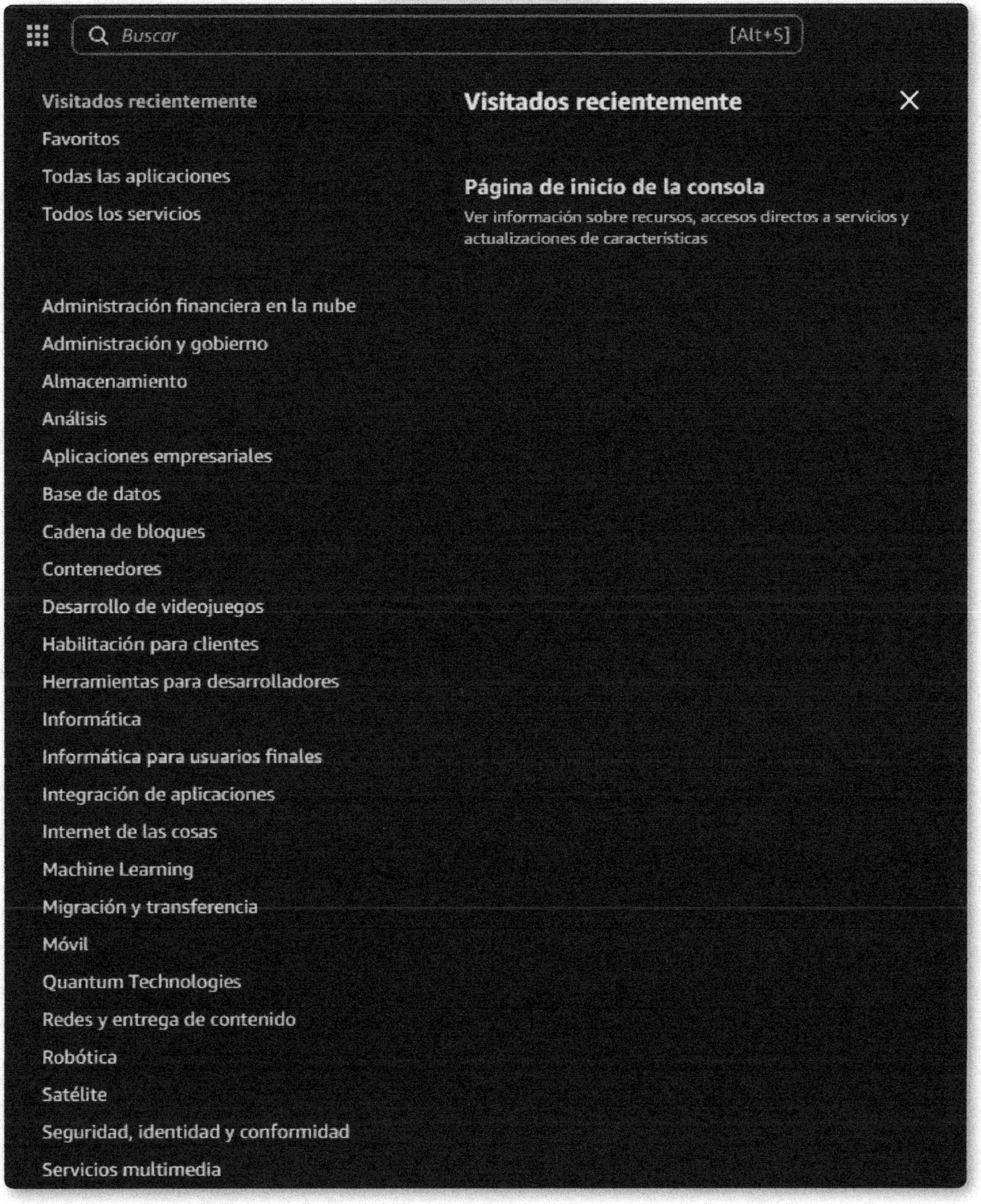

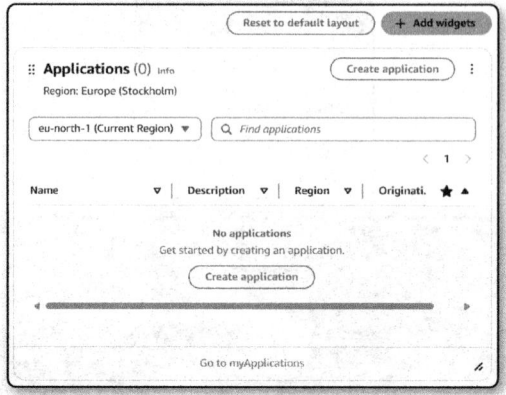

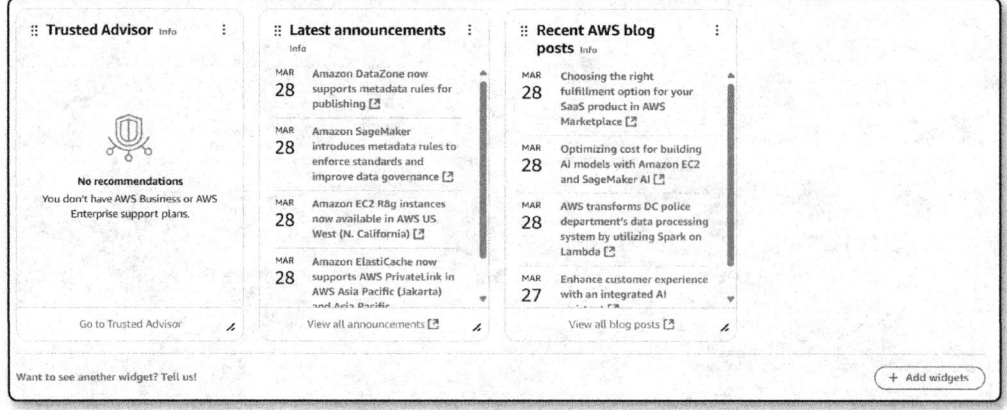

Ahora bien, ¿qué incluye exactamente esta capa gratuita? AWS ha estructurado su *free-tier* en tres tipos de ofertas: gratuitas por 12 meses, gratuitas siempre (*Always Free*), y pruebas puntuales limitadas en el tiempo. Por ejemplo, uno de los servicios más utilizados es Amazon EC2 (Elastic Compute Cloud), que permite crear servidores virtuales. La capa gratuita te deja usar una instancia t2.micro o t3.micro durante 750 horas al mes durante el primer año. Si haces cuentas, eso significa que puedes tener un servidor encendido todo el mes, sin interrupciones, completamente gratis. A continuación, se expone una guía práctica para desplegar tu primer servidor en Amazon EC2 con la capa gratuita de AWS.

Guía

Desplegar servidor en Amazon EC2 con la capa gratuita de AWS

¿Qué es EC2?

Amazon EC2 (Elastic Compute Cloud) es el servicio que te permite lanzar máquinas virtuales, lo que comúnmente se conoce como "servidores en la nube". Puedes imaginarlo como tener un ordenador encendido 24/7, pero sin tener que comprarlo ni enchufarlo a la corriente. La capa gratuita de AWS incluye 750 horas mensuales de uso de una instancia t2.micro o t3.micro. Esto es suficiente para tener un servidor encendido todo el mes.

> ⚑ Paso 1: acceder a la consola de AWS
>
> 1. Inicia sesión en tu cuenta de AWS desde aws.amazon.com.
> 2. Una vez dentro, busca en la parte superior el botón "Servicios" y selecciona EC2 (puedes escribirlo directamente en la barra de búsqueda).

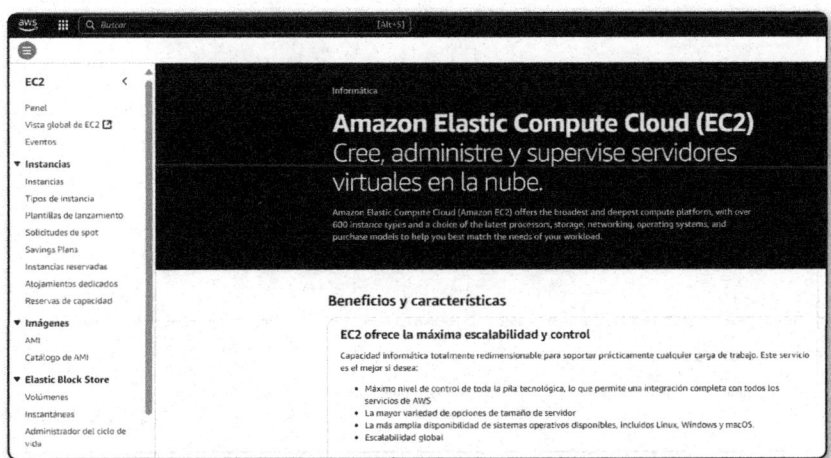

▼ Paso 2: lanzar una instancia

1. Dentro del panel de EC2, haz clic en "Lanzar instancia".

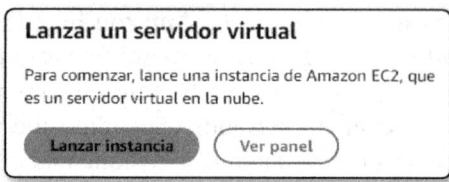

2. Dale un nombre a tu servidor (por ejemplo: "MiServidorDePrueba").

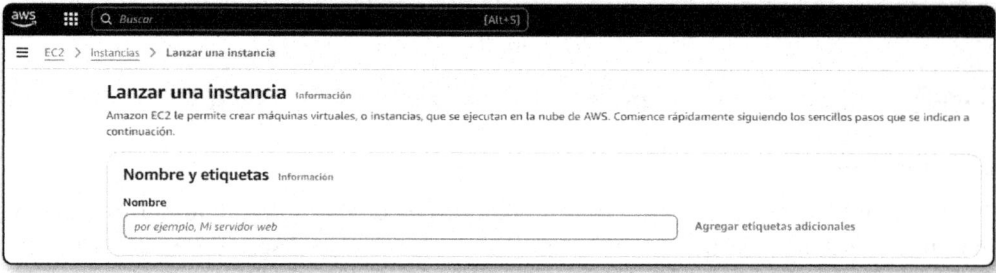

▼ Paso 3: elegir el sistema operativo

AWS te pedirá que elijas una imagen de sistema, conocida como AMI (Amazon Machine Image). Estas son plantillas con sistemas operativos ya preparados.

▼ Imágenes de aplicaciones y sistemas operativos (Imagen de máquina de Amazon) Información

Una AMI es una plantilla que contiene la configuración de software (sistema operativo, servidor de aplicaciones y aplicaciones) necesaria para lanzar la instancia. Busque o examine las AMI si no ve lo que busca a continuación.

🔍 *Busque en nuestro catálogo completo que incluye miles de imágenes de sistemas operativos y aplicaciones*

Inicio rápido

Amazon Linux	macOS	Ubuntu	Windows	Red Hat	SUSE Linux	Debian
aws	Mac	ubuntu®	Microsoft	RedHat	SUSE	debian

🔍 Buscar más AMI

Inclusión de AMI de AWS, Marketplace y la comunidad

Imágenes de máquina de Amazon (AMI)

Ubuntu Server 24.04 LTS (HVM), SSD Volume Type
ami-0c1ac8a41498c1a9c (64 bits (x86)) / ami-09fdd0b7892a4ec7b (64 bits (Arm))
Virtualización: hvm   Activado para ENA: true   Tipo de dispositivo raíz: ebs

Apto para la capa gratuita ▼

Descripción

Ubuntu Server 24.04 LTS (HVM),EBS General Purpose (SSD) Volume Type. Support available from Canonical (http://www.ubuntu.com/cloud/services).

Canonical, Ubuntu, 24.04, amd64 noble image

Arquitectura	ID de AMI	Fecha de publicación	Nombre de usuario ⓘ
64 bits (x86) ▼	ami-0c1ac8a41498c1a9c	2025-03-05	ubuntu

Proveedor verificado

- Si estás empezando, te recomiendo Amazon Linux 2023 o Ubuntu Server 22.04.

- Ambas son gratuitas dentro del *free-tier* y fáciles de usar.

Selecciona una de ellas y pasa al siguiente paso.

▶ Paso 4: elegir el tipo de instancia

Aquí es muy importante que selecciones un tipo de instancia que esté cubierto por la capa gratuita:

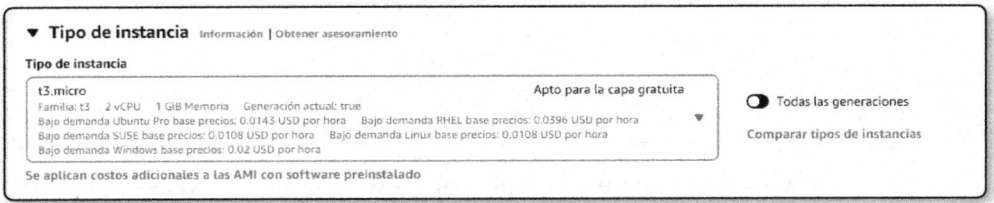

- Marca la opción t2.micro o t3.micro (dependiendo de cuál esté disponible para tu cuenta).

- Asegúrate de que pone "Free tier eligible" al lado.

▶ Paso 5: crear un par de claves (*key pair*)

Esto es lo que te permitirá conectarte a tu servidor. Es como una llave privada:

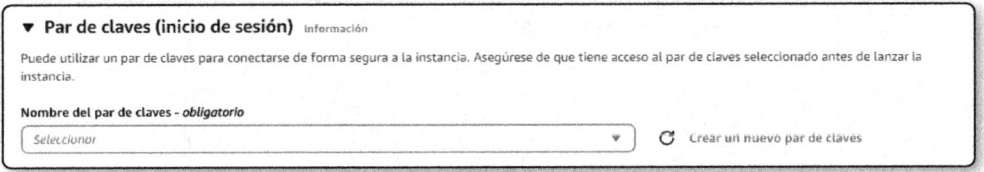

1. Haz clic en "Create new key pair".

2. Ponle un nombre (por ejemplo, "llave ec2").

3. Elige el formato de archivo: .pem (si vas a usar terminal en Linux/Mac) o .ppk (si estás en Windows con PuTTY).

4. Descarga el archivo y guárdalo en un lugar seguro. Si lo pierdes, no podrás acceder a la máquina.

▶ Paso 6: configurar el firewall (grupo de seguridad)

Aquí vas a decidir qué tipo de conexiones permites.

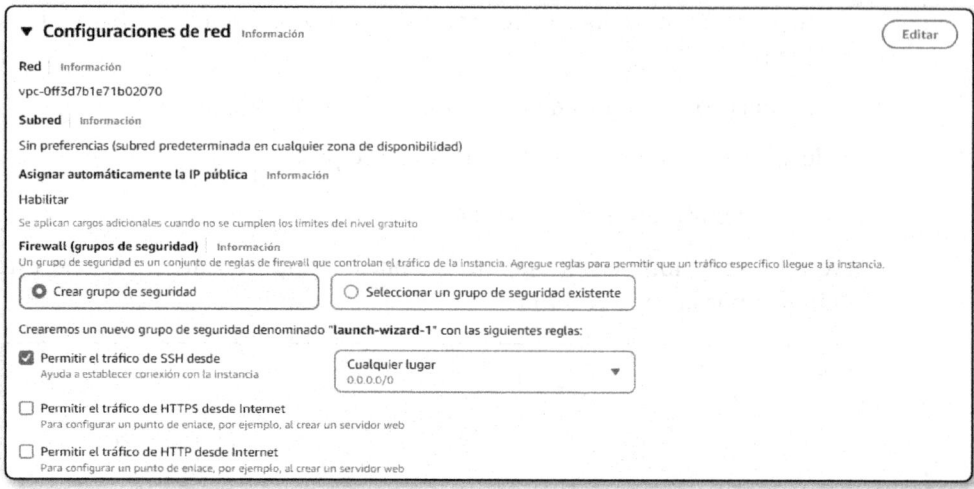

1. AWS ya te sugiere una regla para SSH (puerto 22), que es necesaria para conectarte al servidor desde tu ordenador. Asegúrate de que esté activada.

2. Si quieres que tu servidor tenga una web pública, añade también una regla para HTTP (puerto 80).

▶ Paso 7: lanzar la instancia
Revisa todo y haz clic en "Lanzar instancia". ¡Listo! En unos segundos se habrá creado tu servidor.

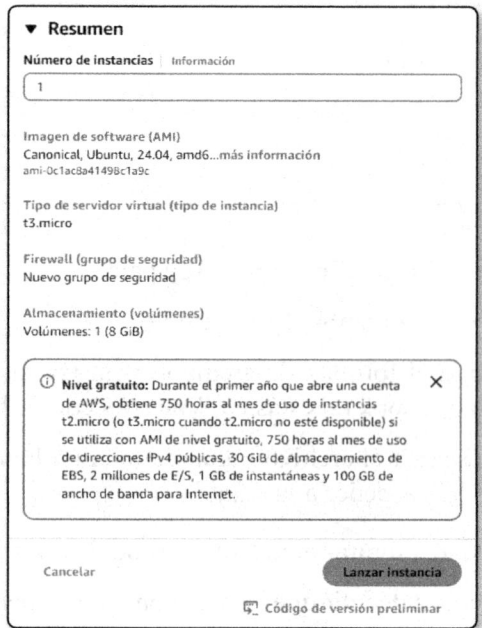

Puedes ir al panel principal y verás tu nueva instancia funcionando. Cuando el estado diga "Running", ya está lista para conectarte.

▶ Paso 8: conectarte a tu instancia (Linux o Mac)

1. Abre una terminal.

2. Ve al directorio donde guardaste tu archivo .pem.

3. Escribe este comando (reemplaza los datos con los tuyos):

```
chmod 400 llave-ec2.pem
ssh -i "llave-ec2.pem" ec2-user@<DIRECCIÓN-PÚBLICA-DE-TU-EC2>
```

Puedes encontrar esa dirección IP pública en el panel de la instancia.

▶ Paso 9: ¿Y ahora qué?

¡Ya estás dentro de tu servidor EC2! Desde ahí puedes:

- Instalar un servidor web (como Apache o Nginx).
- Subir una página web.
- Hacer pruebas con bases de datos.
- Jugar con scripts y automatizaciones.

Otro servicio estrella es Amazon S3 (Simple Storage Service), que sirve para almacenar archivos en la nube. La *free-tier* incluye 5 GB de almacenamiento estándar al mes, además de miles de solicitudes de carga y descarga de datos. Esto es más que suficiente para hacer pruebas con almacenamiento web, copias de seguridad pequeñas o incluso montar un sistema de alojamiento de imágenes para una web personal.

También se incluye acceso gratuito a bases de datos con Amazon RDS (Relational Database Service), que permite probar motores como MySQL o

PostgreSQL con 750 horas al mes. Lo mismo ocurre con DynamoDB, una base de datos NoSQL, que ofrece un nivel gratuito generoso para manejar datos sin tener que montar toda la estructura tradicional.

Otros servicios incluidos son Lambda (para ejecutar funciones sin servidor), CloudWatch (monitorización), API Gateway (para crear APIs), Elastic Load Balancer (para balanceo de tráfico), y muchos más. En total, hay más de 85 servicios que pueden utilizarse gratuitamente bajo ciertas condiciones. La clave está en conocer bien los límites mensuales y no pasarse para evitar cargos innecesarios.

Además, AWS tiene un panel donde se puede ver el uso en tiempo real y configurar alertas para que te avisen si te estás acercando al límite. Esto da mucha tranquilidad y permite experimentar sin miedo.

Aunque la capa gratuita de AWS ofrece bastante margen para experimentar sin coste, conviene tener algunos hábitos de control para evitar sobresaltos. Uno de los más importantes es apagar la instancia cuando no la estés usando. Aunque parezca obvio, muchas personas dejan el servidor encendido por descuido y eso consume horas del *free-tier*, que son limitadas cada mes. Si no estás haciendo pruebas o no necesitas que el servidor esté activo, simplemente detén la instancia desde la consola. Así no consumirás recursos innecesariamente.

También es muy útil configurar alarmas dentro del propio sistema de AWS. Hay una opción llamada **CloudWatch** que te permite definir alertas para que te avise si estás consumiendo más de lo previsto. Por ejemplo, puedes establecer un umbral mensual y recibir un correo si te estás acercando al límite. Esto te da margen para tomar decisiones antes de que se generen costes inesperados.

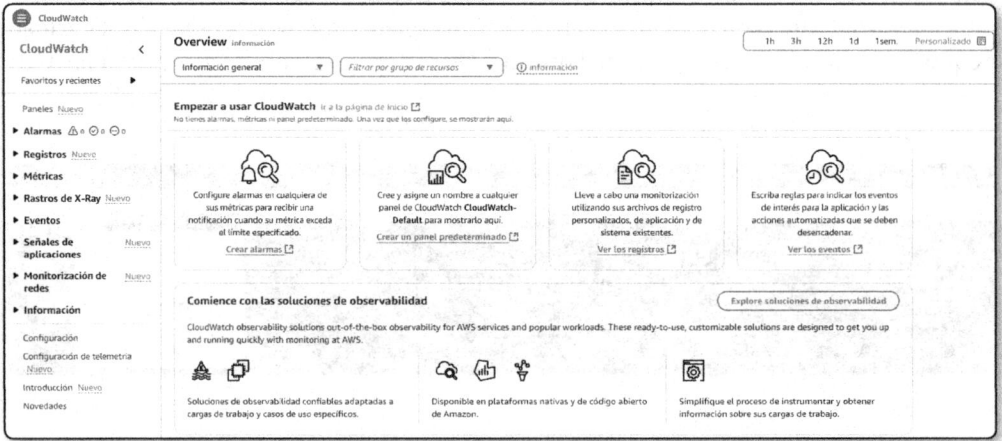

Por último, revisa el panel de facturación cada cierto tiempo. AWS tiene una sección muy clara donde puedes ver exactamente qué servicios estás usando, cuánto llevas consumido del *free-tier* y si hay alguna línea de gasto inesperada. Entrar una vez por semana y echar un vistazo no cuesta nada y puede evitarte sorpresas desagradables. Tener ese control te da seguridad y te permite aprovechar la nube de forma más tranquila.

Crear una cuenta en AWS con capa *free-tier* es una puerta de entrada muy potente al mundo cloud. Es como tener un laboratorio virtual a tu disposición para aprender, practicar, probar ideas nuevas o montar soluciones reales a pequeña escala. La inversión es solo de tiempo y curiosidad. Y si con el tiempo decides avanzar hacia un proyecto más serio, ya tendrás una base sólida para saber qué necesitas y cómo usarlo. La nube ya no es un territorio exclusivo de grandes corporaciones: con una cuenta gratuita, cualquiera puede empezar a explorar sus posibilidades.

2.2 INICIAR SESIÓN EN AWS. ELEMENTOS ESTRATÉGICOS DE UNA LLAMADA TELEFÓNICA

Si ya has creado tu cuenta de AWS, lo siguiente es iniciar sesión para empezar a trabajar con los servicios que ofrece la plataforma. Este paso es sencillo, pero conviene hacerlo con calma, sobre todo si es la primera vez que te enfrentas a un entorno profesional como este. AWS no está pensado únicamente para expertos, pero sí requiere prestar atención desde el principio para que todo funcione como debe y evitar errores de seguridad o problemas innecesarios.

Al acceder a https://aws.amazon.com/console/, verás que el inicio de sesión te pide dos cosas: tu dirección de correo electrónico (la que usaste al registrarte) y tu contraseña. Si has seguido los pasos correctamente, no deberías tener problemas para entrar. Pero es justo aquí donde entra un elemento importante que muchas personas pasan por alto: la autenticación multifactor, o **MFA**. Este sistema añade una capa extra de seguridad al proceso de acceso, y es muy recomendable activarlo desde el primer día.

¿Y cómo funciona el MFA? Básicamente, cuando lo tienes activado, después de poner tu usuario y contraseña, AWS te pedirá un segundo código que cambia constantemente. Ese código se genera desde una app de autenticación, como **Google Authenticator** o **Authy**, que instalas en tu móvil. De esta forma, aunque alguien consiguiera tu contraseña, no podría entrar a tu cuenta sin tener también acceso a tu dispositivo. Para una cuenta personal o de pruebas puede parecer exagerado, pero cuando estás gestionando proyectos reales o datos sensibles, este tipo de medidas se vuelve indispensable.

En algunos casos, especialmente si AWS detecta algo inusual durante el proceso de registro —como que estás en una ubicación poco habitual o que usaste una tarjeta sospechosa— pueden hacer una verificación adicional por teléfono. Esto no es algo que pase siempre, pero es importante saber que **sí puede haber una llamada telefónica como parte del proceso de verificación de cuenta**. Esa llamada la hace el propio equipo de AWS (en inglés, generalmente) y tiene como objetivo confirmar que eres una persona real y que la cuenta está siendo creada con fines legítimos. No es un examen técnico, sino una comprobación rápida. Pueden hacerte preguntas como tu nombre, correo de registro o el motivo por el cual estás creando una cuenta. En algunos casos, incluso es una llamada automatizada donde solo debes introducir un código que recibiste por SMS o correo.

Por eso, si ves que al crear la cuenta se menciona algo sobre una llamada o te aparece un aviso de verificación, no te alarmes. No se trata de una entrevista ni de una barrera insalvable, simplemente es una forma que tiene AWS de asegurarse de que no se están creando cuentas fraudulentas. Lo ideal es tener el teléfono a mano, revisar el correo con frecuencia durante ese día y, si todo va bien, en unas horas tu cuenta estará totalmente operativa.

Ejemplo

El proceso que aparece en las imágenes muestra cómo se configura una clave de paso o clave de seguridad en AWS utilizando Windows Hello como método de autenticación adicional. Este método forma parte del sistema de inicio de sesión seguro que permite el uso de autenticación multifactor (MFA), añadiendo una capa de protección a tu cuenta de AWS:

1. Primera imagen de AWS: aquí se confirma que la clave de paso se ha registrado correctamente en AWS. Esto significa que el usuario ha asociado una llave de seguridad FIDO2/WebAuthn (como una clave biométrica, PIN o dispositivo físico) a su cuenta. AWS reconoce que el método está configurado y está listo para utilizarse en futuras autenticaciones.

2. Segunda imagen (Windows Hello): se solicita el PIN para validar el dispositivo como parte del proceso de autenticación. Este paso aparece porque se está utilizando Windows Hello para proteger el acceso mediante biometría (rostro, huella) o un PIN vinculado al dispositivo local. El sistema también ofrece la opción de usar otro método de autenticación si se prefiere.

3. Tercera imagen (confirmación Windows Hello): indica que la llave de acceso se ha guardado correctamente. A partir de este momento, puedes iniciar sesión con Windows Hello usando tu rostro, huella digital o PIN, integrando la seguridad biométrica con tu cuenta de AWS.

4. Cuarta imagen (repetida): vuelve a mostrar la confirmación de que la clave de paso está registrada. Se informa que se podrá usar este método de seguridad adicional cada vez que se requiera autenticar la identidad al iniciar sesión en la consola de AWS.

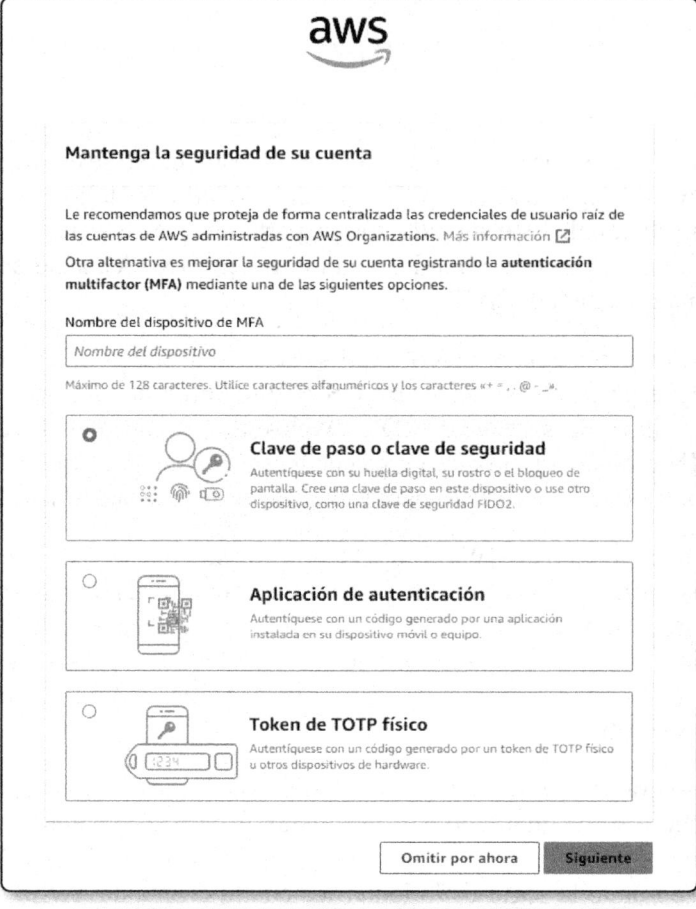

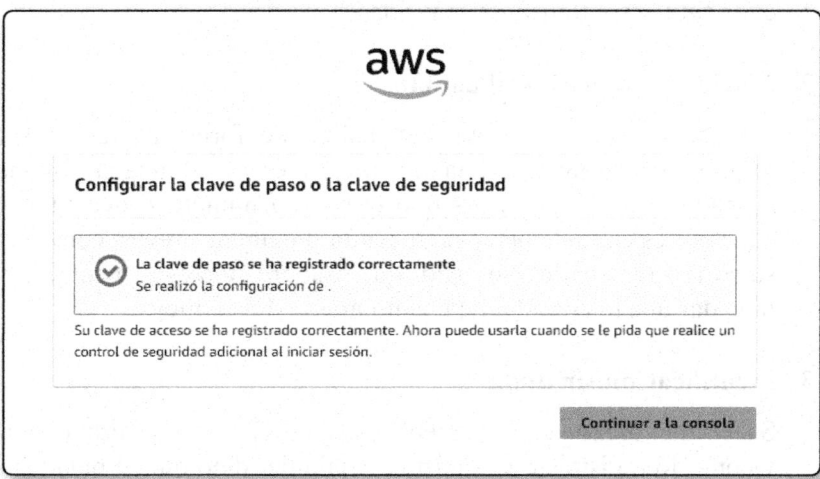

¿Qué significa todo esto?

Este proceso es un ejemplo práctico de cómo implementar MFA en AWS para proteger el acceso a la consola. La combinación de una contraseña tradicional con un segundo factor, como el PIN de Windows Hello o la biometría, hace que sea mucho más difícil que un atacante pueda acceder a la cuenta, incluso si obtiene las credenciales principales. Esta práctica es altamente recomendada para todos los usuarios, especialmente administradores o cuentas con permisos elevados en entornos en la nube.

En el contexto de una **verificación de cuenta** en AWS (o cualquier plataforma similar), los *elementos estratégicos de una llamada telefónica* hacen referencia a los puntos clave que se deben cuidar para que la llamada cumpla su función de forma efectiva, rápida y sin errores. No se trata de una llamada comercial ni de una venta, sino de una verificación breve y técnica. Aun así, hay una serie de aspectos que conviene tener controlados. Vamos a explicarlo:

1. **Preparación previa**

   Antes de recibir la llamada, es buena idea tener todo a mano: el correo con el que te registraste, el nombre que usaste en la cuenta, el número de teléfono que diste, e incluso los últimos pasos que hiciste en AWS. Esto evita titubeos y transmite seguridad.

2. **Claridad y precisión al hablar**

   Aunque parezca una obviedad, hablar de forma clara, sin rodeos ni respuestas confusas, ayuda mucho. Si es una llamada automatizada, probablemente solo tengas que pulsar un número o decir una palabra clave. Si es con una persona, te harán preguntas breves, como "¿Cuál es su correo registrado?" o "¿Por qué está creando esta cuenta?". No hace falta dar una historia larga; cuanto más conciso, mejor.

3. **Identificación sin dudas**

   Saber identificarte correctamente es clave. Eso incluye usar el nombre tal y como lo registraste y confirmar cualquier dato que te pidan sin dudar. Muchas cuentas se bloquean simplemente porque el usuario no recuerda qué correo o tarjeta usó.

4. **Seguridad**

   Nunca des datos sensibles más allá de lo que se espera (por ejemplo, claves, contraseñas o datos bancarios completos). AWS nunca te pedirá eso en una llamada. Si la llamada parece sospechosa, cuelga y revisa el soporte oficial.

5. **Tono profesional**

   Aunque sea una cuenta personal, mantener un tono respetuoso, tranquilo y profesional genera confianza. Si la llamada es con una persona real del soporte técnico, están ahí para ayudarte, pero también para evaluar si la cuenta es legítima.

6. **Finalización con confirmación**

   Es importante asegurarse de que la verificación quedó bien hecha. Si te dan un número de confirmación o un código, anótalo. Si te dicen que recibirás un correo, revísalo pronto. Muchas veces, el último paso de la llamada es el que activa de verdad la cuenta.

Saber más...

En los últimos años, la computación en la nube ha dejado de ser una opción novedosa para convertirse en un componente esencial dentro de la estrategia tecnológica de las organizaciones españolas. A pesar del protagonismo mediático de la inteligencia artificial generativa, que ha ocupado buena parte del debate en el sector tecnológico, el cloud sigue siendo el verdadero motor que impulsa la transformación digital en las empresas. Y lo hace con cifras que demuestran su consolidación. Según datos de IDC, se estima que la inversión en servicios de nube pública en España alcanzará los 6.750 millones de euros en 2024, lo que representa un crecimiento del 23 % respecto al año anterior. Para 2025, se prevé que la cifra suba hasta los 8.271 millones, manteniendo un ritmo de crecimiento muy estable.

Este incremento no solo es cuantitativo, sino también cualitativo. Las empresas están diversificando su inversión en distintas modalidades del servicio cloud, aunque destaca especialmente el crecimiento del modelo de plataforma como servicio (PaaS), con una subida del 35 % este año. Aun así, el software como servicio (SaaS) sigue siendo el más implantado, aglutinando prácticamente la mitad del volumen total de negocio, con más de 3.200 millones de euros previstos. La infraestructura como servicio (IaaS), por su parte, también avanza con firmeza, alcanzando los 1.022 millones de euros en ingresos y un crecimiento del 21,5 %.

Este impulso del cloud no se entiende sin tener en cuenta su sinergia con la inteligencia artificial. Cada vez más, las operaciones de TI se están orientando hacia una nube inteligente, capaz de automatizar procesos, aplicar observabilidad proactiva y optimizar el consumo energético mediante una gestión eficiente de cargas de trabajo. Las capacidades de cómputo de los proveedores cloud han crecido tanto que, según estimaciones, en 2025 gestionarán más del 60 % de todos los núcleos de procesamiento del mundo. Esta disponibilidad de recursos se convierte en un activo fundamental para desarrolladores y empresas que quieren lanzar nuevos servicios digitales o modernizar sus sistemas actuales.

En paralelo, la adopción de la nube por parte de las empresas españolas sigue creciendo. En 2023, el 32 % de ellas ya utilizaba algún tipo de solución cloud, lo que supone un aumento de cinco puntos con respecto al año anterior. En esta expansión, la ubicación de los centros de datos cobra especial relevancia: el 70 % de las organizaciones reconoce la importancia de disponer de infraestructuras cloud dentro del país. Este aspecto no solo responde a cuestiones técnicas como la latencia, sino también a la necesidad de cumplir con normativas europeas y garantizar la soberanía digital.

El compromiso de proveedores como AWS con esta demanda se ha traducido en la creación de una región de infraestructura cloud en España, ubicada en Aragón. Esta inversión, que supera los 2.500 millones de euros, no solo mejora la conectividad y la seguridad, sino que también genera empleo directo y contribuye al PIB nacional. De hecho, se estima que el impacto económico de esta infraestructura podría superar los 1.800 millones de euros en los próximos diez años.

En cuanto al vínculo entre cloud e inteligencia artificial, los datos son claros: el 36 % de las empresas españolas ya ha implementado alguna solución de IA, con un crecimiento del 29 % desde 2022. Además, la mayoría de ellas no se limita a casos de uso simples, sino que están adoptando tecnologías avanzadas como modelos de lenguaje de gran escala (LLM) o IA generativa. El 72 % de las compañías que han dado este paso aseguran haber mejorado sus ingresos, destacando también beneficios como el ahorro de costes o el aumento de eficiencia.

Sin embargo, no todo el camino está despejado. Uno de los principales retos para continuar con esta expansión es la falta de personal con habilidades digitales. Solo el 18 % de las empresas afirma no tener dificultades para contratar nuevos empleados con formación tecnológica suficiente. A esto se suma que apenas una de cada cuatro compañías encuentra sencillo formar a su plantilla en competencias digitales. Esta carencia ya se deja notar: el 38 % de las empresas afectadas señala que su crecimiento se ha ralentizado por esta razón.

Ante este panorama, la necesidad de formar talento se convierte en una prioridad. Iniciativas como las impulsadas por AWS, que ha capacitado a más de 200.000 personas en España desde 2017, buscan cerrar esta brecha. Programas como AWS re/Start, AWS Academy o la reciente *Skills to Jobs Tech Alliance España* tienen como objetivo conectar formación, necesidades reales del mercado y oportunidades laborales. El objetivo es claro: garantizar que el desarrollo de la IA y la nube vaya acompañado de una base sólida de profesionales preparados para aprovechar todo su potencial.

Desde una perspectiva social y económica, el impacto de estas tecnologías también es relevante. Se calcula que una adopción sostenida de la IA podría aportar hasta 55.000 millones de euros adicionales al valor añadido bruto (GVA) español de aquí a 2030. Esto se traduciría en un impacto total de 282.000 millones de euros para la economía del país. Además, más del 60 % de las empresas cree que la inteligencia artificial transformará completamente sus sectores en los próximos cinco años.

España se encuentra en un momento decisivo. Las inversiones en cloud siguen creciendo a doble dígito, la inteligencia artificial está ganando terreno a gran velocidad, y la combinación de ambas tecnologías está configurando el nuevo mapa digital del país. Aun así, para que esta evolución sea inclusiva y sostenible, será necesario reforzar el acceso a la formación, mantener el impulso regulatorio y seguir construyendo una infraestructura cloud que combine potencia, proximidad y seguridad. Todo ello permitirá que más empresas, grandes y pequeñas, puedan aprovechar estas tecnologías como herramientas reales de competitividad e innovación.

2.3 PRUEBA DE AUTOEVALUACIÓN DE LA UNIDAD

1. **¿Qué servicio de AWS permite lanzar máquinas virtuales dentro de la capa gratuita?**

   a) Amazon RDS

   b) Amazon EC2

   c) AWS Lambda

2. **¿Cuántas horas mensuales puedes usar una instancia t2.micro sin coste con el free-tier?**

   a) 500 horas

   b) 750 horas

   c) 1000 horas

3. **¿Cuál de los siguientes servicios ofrece almacenamiento gratuito dentro de la capa gratuita?**

   a) Amazon RDS

   b) Amazon S3

   c) Amazon Route 53

4. **¿Qué tipo de verificación puede hacer AWS tras el registro?**

   a) Un test técnico

   b) Una llamada de verificación

   c) Una videollamada en grupo

5. ¿Qué tipo de cuenta debes elegir para usar la capa gratuita de AWS?

a) Business

b) Developer

c) Basic

6. ¿Qué archivo necesitas para conectarte a una instancia EC2 desde la terminal?

a) pdf

b) pem

c) docx

7. ¿Cuál es la función de Amazon S3?

a) Almacenar archivos

b) Lanzar bases de datos

c) Monitorizar funciones

8. ¿Qué medida de seguridad añade una capa extra al iniciar sesión en AWS?

a) Inicio automático

b) Contraseña doble

c) Autenticación multifactor (MFA)

9. ¿Qué herramienta permite definir alertas de uso en AWS?

a) CloudTrail

b) CloudWatch

c) CloudFront

10. ¿Qué consola permite acceder a todos los servicios de AWS?

a) Consola de usuario

b) Consola de administración

c) Consola de desarrollo

1. La cuenta _____ de AWS permite utilizar servicios sin coste durante el primer año.

2. Para acceder a tu instancia EC2 desde Linux o Mac necesitas el archivo con extensión _____.

3. Amazon _____ es el servicio de AWS para almacenamiento de objetos.

4. AWS recomienda activar la _____ como medida adicional de seguridad al iniciar sesión.

5. Una vez creada la cuenta, puedes acceder a la consola desde el enlace _____ _____.

Respuestas

Test:

- b) Amazon EC2
- b) 750 horas
- b) Amazon S3
- b) Una llamada de verificación
- c) Basic
- b) pem
- a) Almacenar archivos
- c) Autenticación multifactor (MFA)
- b) CloudWatch
- b) Consola de administración

Frases con huecos:

1. free-tier
2. .pem
3. S3
4. autenticación multifactor
5. https://aws.amazon.com/console/

3

IMPLEMENTACIÓN DE SERVICIOS BÁSICOS EN LA NUBE

Con la cuenta creada y el entorno bajo control, llega lo interesante: empezar a desplegar servicios reales. En este bloque se trabajará directamente con los recursos más comunes y útiles dentro de AWS. Se aprenderá cómo crear instancias de computación (EC2), cómo almacenar información en Amazon S3, cómo alojar una página web estática, cómo distribuir la carga entre servidores o cómo aplicar políticas de control de acceso con IAM. También se verán soluciones de almacenamiento como EFS o EBS y se introducirá el concepto de soporte técnico para resolver incidencias. La idea es que el alumno o la alumna tenga una primera experiencia funcional con la nube, construyendo pequeños proyectos que imiten lo que luego puede encontrarse en entornos profesionales. Es el momento de ensuciarse las manos, pero siempre con guías claras y explicaciones paso a paso.

3.1 LA NUBE DE AWS

Imagina que estás montando una empresa que va a operar a nivel mundial. Necesitas servidores rápidos, estables y seguros repartidos por todo el planeta. ¿Cómo te aseguras de que un cliente en Madrid, otro en Tokio y otro en Buenos Aires tengan la misma experiencia fluida y sin retrasos al usar tu plataforma? Aquí es donde la infraestructura global de Amazon Web Services (AWS) entra en juego. AWS no es solo una colección de servicios sueltos conectados entre sí: detrás hay una arquitectura sólida, bien pensada y desplegada por todo el mundo para ofrecer velocidad, disponibilidad y fiabilidad a escala global.

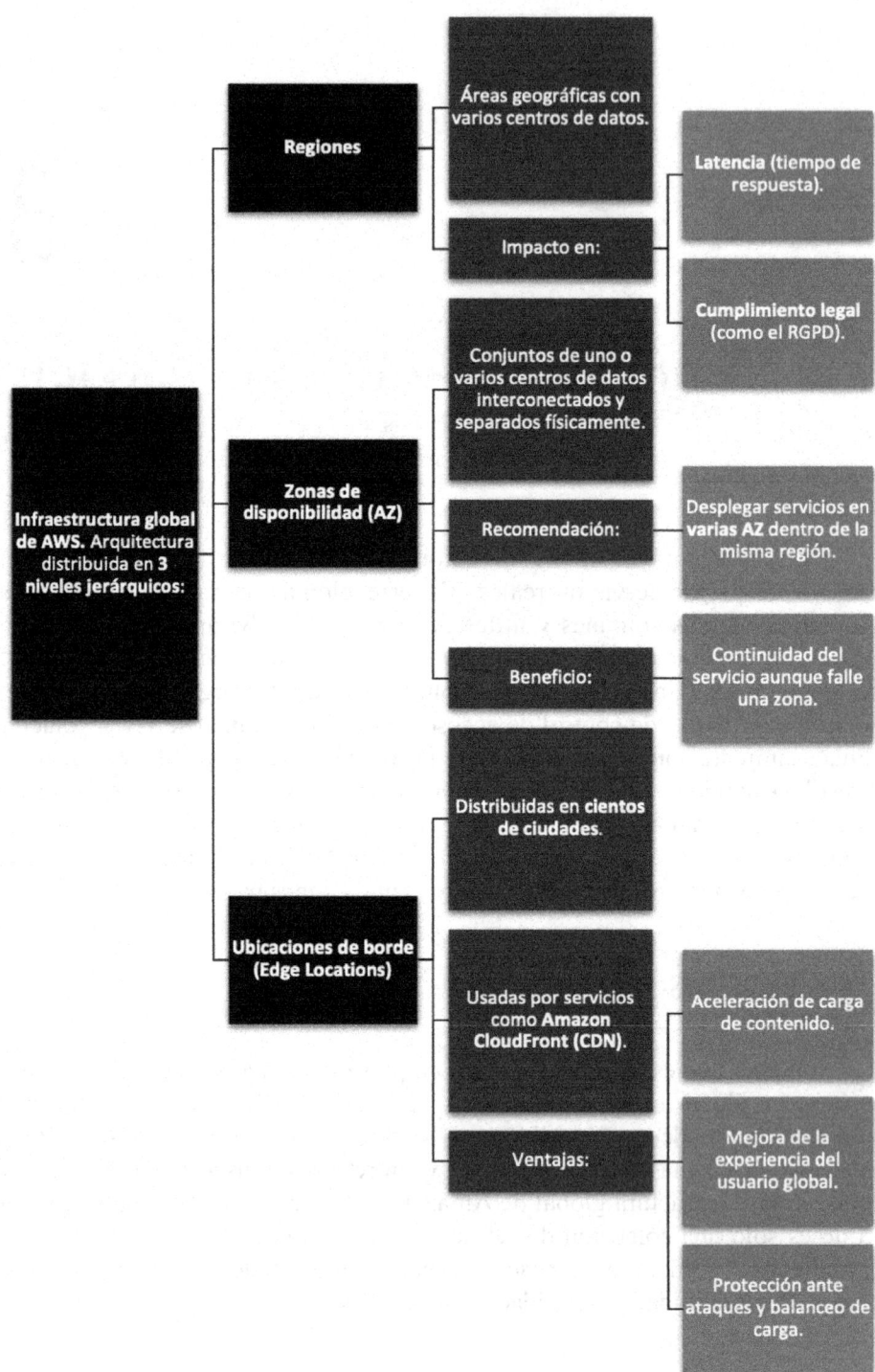

AWS ha creado una red distribuida en tres niveles principales: regiones, zonas de disponibilidad (availability zones) y ubicaciones de borde (edge locations). Estos tres conceptos forman la columna vertebral de todo lo que funciona en la nube de Amazon. Entender esta estructura ayuda a comprender por qué muchos servicios pueden escalar tan bien, ser tan rápidos y recuperarse con tanta eficacia ante fallos o picos de demanda.

Las regiones son el nivel más alto de esta jerarquía. Una región es un área geográfica que agrupa varios centros de datos. Por ejemplo, AWS tiene regiones en ciudades como París, Fráncfort, São Paulo o Tokio. Y sí, también hay una en España: la región Europa (España), ubicada en Aragón, se ha convertido en una de las apuestas más fuertes para el mercado hispanohablante. Cada región es independiente y está diseñada para garantizar aislamiento a nivel de datos, lo que es muy importante para cumplir con regulaciones locales como el RGPD. Cuando eliges una región para desplegar tus servicios, estás decidiendo dónde estarán físicamente tus recursos. Esto tiene impacto tanto en la latencia (el tiempo de respuesta del sistema) como en el cumplimiento legal, así que no es una elección aleatoria.

Dentro de cada región, AWS divide su infraestructura en zonas de disponibilidad. Una zona de disponibilidad no es otra cosa que uno o varios centros de datos independientes entre sí pero interconectados por redes de alta velocidad y baja latencia. Están físicamente separadas para que, si ocurre un fallo en una zona —por ejemplo, un apagón o una avería—, las otras zonas de la misma región sigan funcionando sin problema. Este diseño permite que las aplicaciones sean más resistentes y puedan recuperarse rápidamente si algo falla. De hecho, una buena práctica en AWS es desplegar tus servicios en múltiples zonas de disponibilidad dentro de una misma región. Así, si se cae una parte, el resto sigue funcionando y tus usuarios ni se enteran.

Y aún hay otro nivel que completa el mapa: las edge locations, o ubicaciones de borde. Aquí es donde entra el mundo del contenido web, la aceleración de cargas y la distribución eficiente. Las edge locations están repartidas en cientos de ciudades y funcionan como puntos de entrada o de distribución de datos. Son clave cuando se usan servicios como Amazon CloudFront, que es la red de entrega de contenido (CDN) de AWS. Gracias a estas ubicaciones de borde, si alguien entra en tu web desde Lima, los archivos estáticos (como imágenes o vídeos) no tienen que viajar desde Irlanda, sino desde un nodo cercano en Sudamérica. Esto mejora muchísimo la velocidad de carga y la experiencia del usuario.

AWS no funciona como una gran nube centralizada que lo gestiona todo desde un único lugar. Funciona como una red bien orquestada de regiones, zonas y nodos que permite a las empresas desplegar sus soluciones donde más sentido tenga para su negocio, sus usuarios y su contexto legal. Puedes pensar en ello como una especie de sistema nervioso planetario: cada región es como un órgano principal, cada zona de disponibilidad una parte del mismo que actúa con autonomía y cada edge location un punto de contacto rápido para el entorno. Esta forma de organizar los recursos es la que hace posible que miles de empresas, desde startups hasta multinacionales, funcionen sin interrupciones, con buen rendimiento y con capacidad para crecer sin límites.

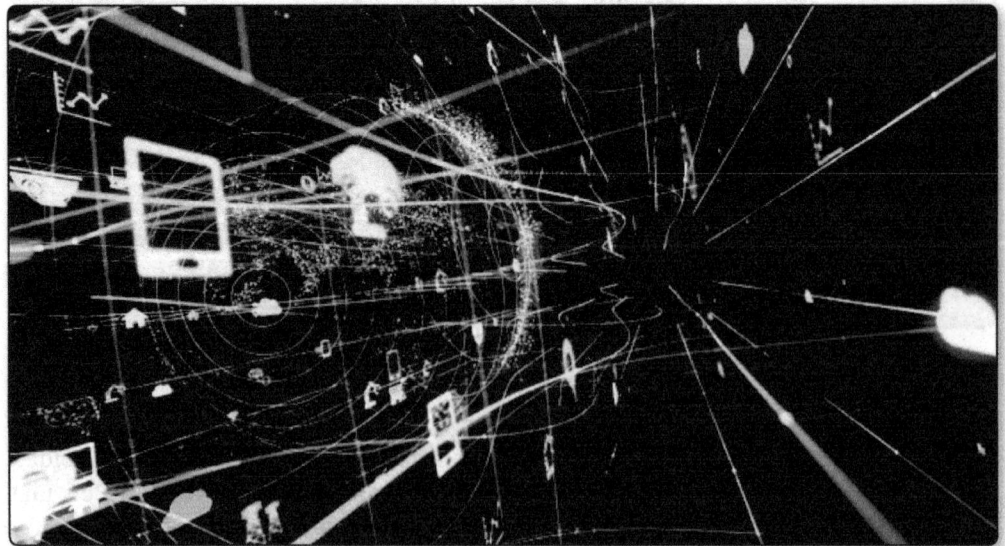

Entender esta arquitectura global es una herramienta para anticiparse a posibles problemas y optimizar el rendimiento sin complicarse la vida. Por ejemplo, si estás desarrollando una aplicación que tendrá usuarios en Europa y América Latina, puedes desplegar tus servicios principales en la región de España o en la de Brasil, y usar edge locations cercanas a tus usuarios finales para que todo cargue más rápido, sin necesidad de invertir en servidores físicos en cada país. Este enfoque también permite experimentar con configuraciones multirregión, en las que puedes tener servicios replicados en distintos puntos del planeta, lo cual es muy útil si tu proyecto empieza a crecer y necesitas dar un salto de escala sin perder calidad ni estabilidad.

Otra ventaja que ofrece esta estructura es la flexibilidad para adaptarte a contextos específicos. En el caso de España, por ejemplo, muchas organizaciones públicas y privadas se ven obligadas a cumplir con regulaciones estrictas sobre dónde pueden estar los datos. Gracias a la región en Aragón, estas entidades pueden usar servicios avanzados de AWS sin salirse del marco legal. Y lo mismo pasa con empresas que necesitan cumplir con normativas del sector salud, financiero o educativo. Elegir bien la región y conocer el mapa completo de la infraestructura global de AWS te permite diseñar soluciones alineadas con las exigencias del entorno, sin tener que hacer malabares técnicos o renunciar a determinadas herramientas.

Además, las zonas de disponibilidad dentro de una región están pensadas para que puedas distribuir tu aplicación de forma inteligente. Supón que montas una base de datos que no puede caerse bajo ningún concepto. Si la alojas en una sola zona y esa zona tiene un problema (por mantenimiento o fallo inesperado), tu aplicación se vería afectada. Pero si replicaste esa base de datos en al menos dos zonas distintas de la misma región, tu sistema seguirá operativo y nadie lo notará. Este tipo de configuración se llama alta disponibilidad, y es una de las razones por las que AWS ha ganado tanta popularidad entre desarrolladores y empresas que necesitan fiabilidad en todo momento.

Respecto a las edge locations, no solo sirven para entregar contenido más rápido. También tienen un papel muy importante en temas de seguridad, balanceo de carga y autenticación. Muchos servicios de AWS se apoyan en estas ubicaciones de borde para interceptar ataques, bloquear tráfico sospechoso o validar accesos sin que la solicitud tenga que viajar hasta el centro de datos principal. Esto significa que tus sistemas pueden responder más rápido a amenazas y ofrecer una experiencia fluida incluso cuando hay picos de tráfico o intentos de saturación. Es como tener pequeñas torres de vigilancia repartidas por todo el mundo, protegiendo tu castillo digital desde fuera.

> **ⓘ Nota**
>
> Hablar de la infraestructura global de AWS no es hablar de una red abstracta o de cables invisibles flotando en el aire. Es hablar de decisiones reales que impactan directamente en el día a día de cualquier proyecto que se desarrolle en la nube. Saber cómo se distribuyen las regiones, cómo funcionan las zonas de disponibilidad y qué papel juegan las edge locations es como tener el plano de una ciudad antes de construir un edificio: te permite elegir el mejor terreno, prever los riesgos, aprovechar mejor los recursos y ofrecer a tus usuarios una experiencia sólida, rápida y segura desde cualquier parte del mundo.

3.2 AWS GESTIÓN DE IDENTIDAD Y ACCESO (IAM)

Cuando se empieza a trabajar con Amazon Web Services (AWS), una de las primeras cosas que hay que aprender es cómo controlar quién puede hacer qué dentro de la cuenta. Y aquí entra en juego un servicio fundamental: IAM, o lo que es lo mismo, **Identity and Access Management**.

IAM es el servicio que te permite **crear y administrar usuarios, roles y permisos** dentro de tu entorno de AWS. En otras palabras, es el guardián de tu nube:

quien decide qué puede hacer cada persona, aplicación o servicio que interactúe con tu infraestructura. Cuando creas tu cuenta de AWS por primera vez, se genera automáticamente un **usuario root**, que es como el súper administrador: tiene acceso total y sin restricciones. Y aquí viene el primer consejo importante: **ese usuario hay que guardarlo bajo llave y usarlo lo menos posible**. Lo recomendable es crear enseguida usuarios individuales con los permisos necesarios para cada tarea y desactivar el uso cotidiano del root, porque un descuido con ese usuario puede afectar a toda la cuenta.

Una vez tienes claro eso, el siguiente paso es crear **usuarios de IAM**, que pueden ser personas (por ejemplo, miembros de tu equipo de desarrollo) o aplicaciones que necesitan interactuar con tus recursos (como un sistema automático que lanza backups todas las noches). A cada usuario se le asignan unas credenciales, que pueden incluir nombre, contraseña, claves de acceso y MFA (autenticación multifactor). Esto último es más que recomendable, porque añade una capa de seguridad que impide accesos no autorizados incluso si alguien descubre una contraseña.

Pero IAM no se basa solo en usuarios. También puedes trabajar con **roles**, que son como identidades temporales o delegadas. Un rol no está vinculado a una persona específica, sino a una función. Por ejemplo, puedes tener un rol llamado "BackupManager" que tiene permiso para acceder a los buckets de S3 y lanzar copias de seguridad, y ese rol puede ser asumido por una instancia EC2, una Lambda o incluso por otro usuario, según lo necesites. Este sistema es muy flexible y permite automatizar tareas o limitar accesos de forma muy precisa, algo especialmente útil en entornos grandes o cuando trabajas con arquitecturas de microservicios.

Y aquí llegamos a las **políticas**, que son el corazón del sistema de permisos en IAM. Una política es un documento en formato JSON (aunque AWS te lo muestra con asistentes para facilitar su uso) que define lo que está permitido o denegado. Las políticas se pueden asociar a usuarios, grupos o roles, y permiten controlar aspectos tan concretos como "este usuario puede leer archivos de este bucket S3, pero no puede escribir", o "esta Lambda puede acceder a la base de datos RDS entre las 9:00 y las 18:00". Es como escribir un contrato digital donde se detalla cada derecho y restricción. Existen políticas gestionadas por AWS (ya configuradas y probadas) y políticas personalizadas, que puedes crear desde cero según las necesidades específicas de tu proyecto.

Ahora bien, con tantas opciones, es fácil cometer errores. Por eso, conviene seguir **algunas buenas prácticas básicas** desde el principio. La primera es aplicar el principio de **mínimos privilegios**: cada usuario o servicio debe tener solo los permisos estrictamente necesarios para hacer su trabajo. Nada más. Si alguien necesita consultar un bucket, no le des acceso total a todo S3. Esta práctica reduce el riesgo de errores y limita los daños en caso de que una credencial se vea comprometida.

Ejemplo

Backups automáticos seguros en AWS

El objetivo es realizar copias de seguridad diarias desde una instancia EC2 a un bucket S3, usando usuarios, roles y políticas IAM con seguridad reforzada.

Paso 1: crear un usuario para administración

Nombre del usuario: Admin_Backups

Uso: persona que configura y revisa las copias, pero no puede borrar nada.

Cómo hacerlo:

▼ Ve a IAM → "Usuarios" → "Crear persona".

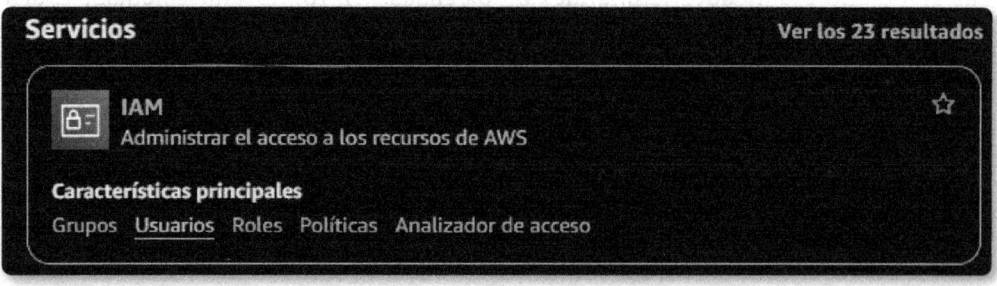

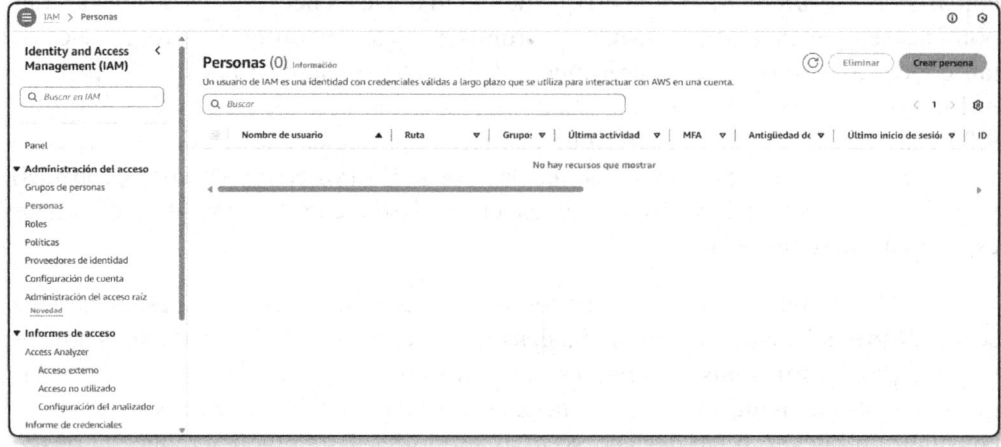

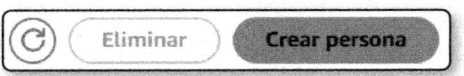

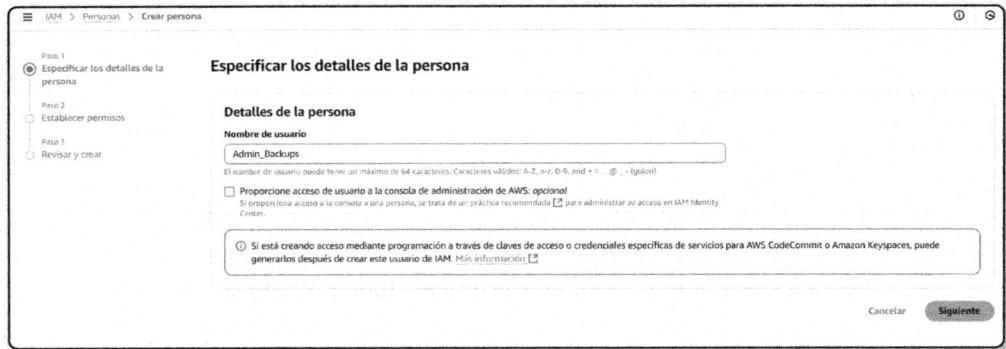

▼ Marca acceso a la consola de AWS.

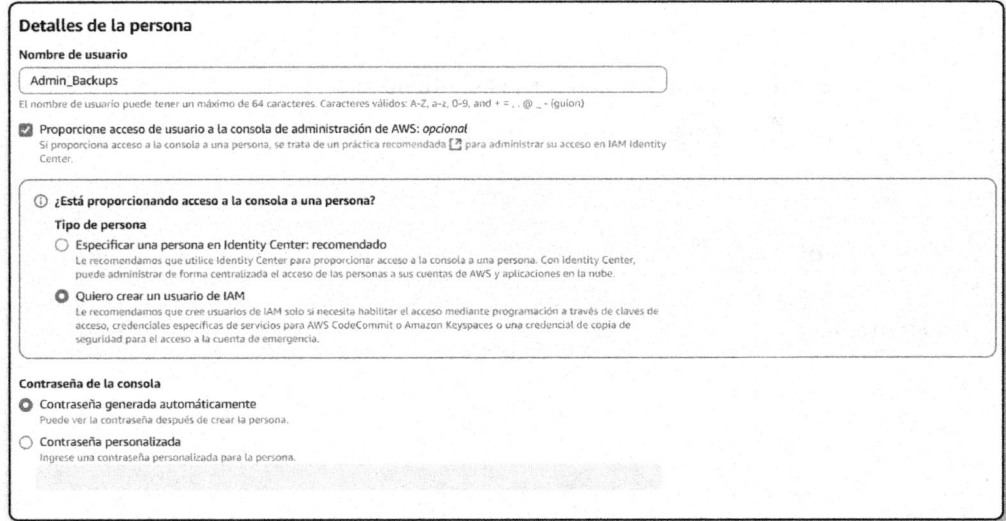

▼ Asigna una contraseña fuerte (En este caso se ha elegido la opción de generar la contraseña automáticamente).

▼ Activa MFA con una app como Google Authenticator.

Asigna políticas:

▶ El siguiente paso es establecer permisos:

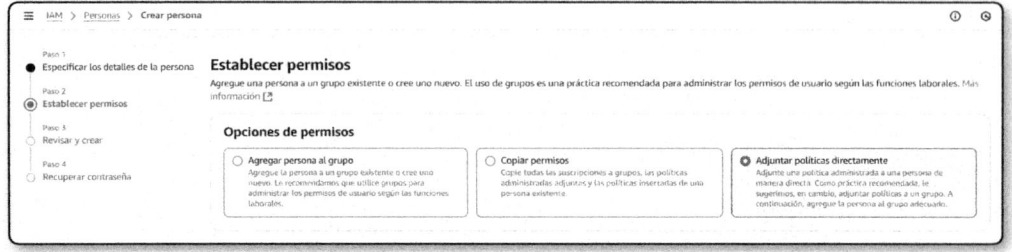

▶ Se va a seleccionar "Adjuntar políticas directamente":

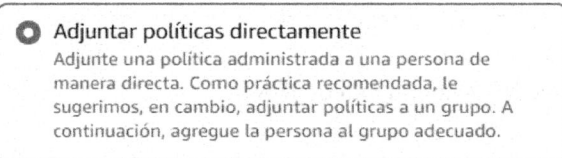

▶ En este caso vamos a marcar las siguientes:

● IAMUserChangePassword:

Filtrar por Tipo			
🔍 IAMUserChangePassword ✕	Todos los tipos ▼	1 coincidencia	‹ 1 › ⚙

☑	Nombre de la política ↗	▲	Tipo	▽	Entidades asociadas	▼
☑	⊟ 🔖 IAMUserChangePassword		Administrada por AWS		0	

IAMUserChangePassword   [📋 Copiar JSON]

Provides the ability for an IAM user to change their own password.

```
 1▾ {
 2      "Version": "2012-10-17",
 3▾    "Statement": [
 4▾        {
 5              "Effect": "Allow",
 6▾            "Action": [
 7                  "iam:ChangePassword"
 8              ],
 9▾            "Resource": [
10                  "arn:aws:iam::":user/${aws:username}"
11              ]
12          },
13▾        {
14              "Effect": "Allow",
15▾            "Action": [
16                  "iam:GetAccountPasswordPolicy"
17              ],
18              "Resource": "*"
19          }
20      ]
```

● Acceso de solo lectura a S3 (AmazonS3ReadOnlyAccess):

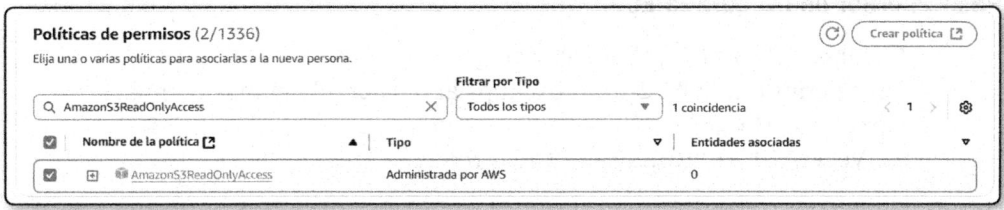

- Acceso a logs con CloudWatchReadOnlyAccess:

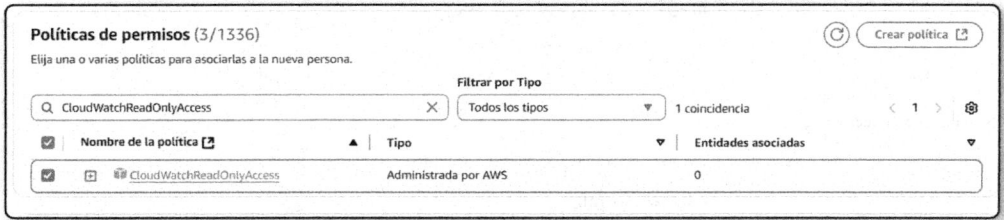

Este usuario puede revisar y configurar, pero no borrar.

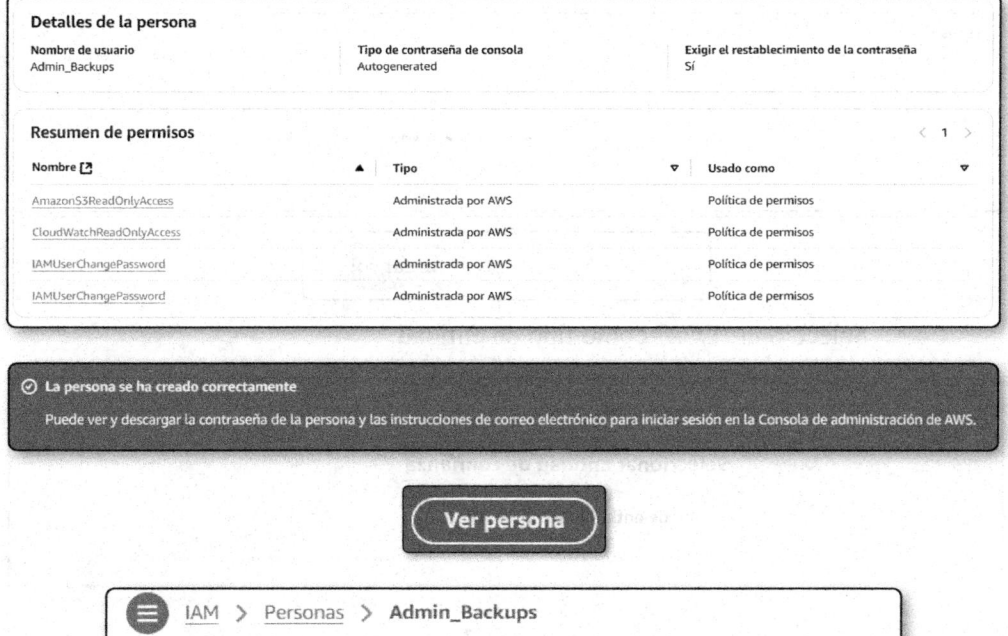

Paso 2: crear un rol para la EC2

Nombre del rol: EC2_BackupManager
Uso: permitir a la EC2 subir backups al bucket S3 sin más permisos.
Cómo hacerlo:

▶ Ve a IAM → "Roles" → "Crear rol".

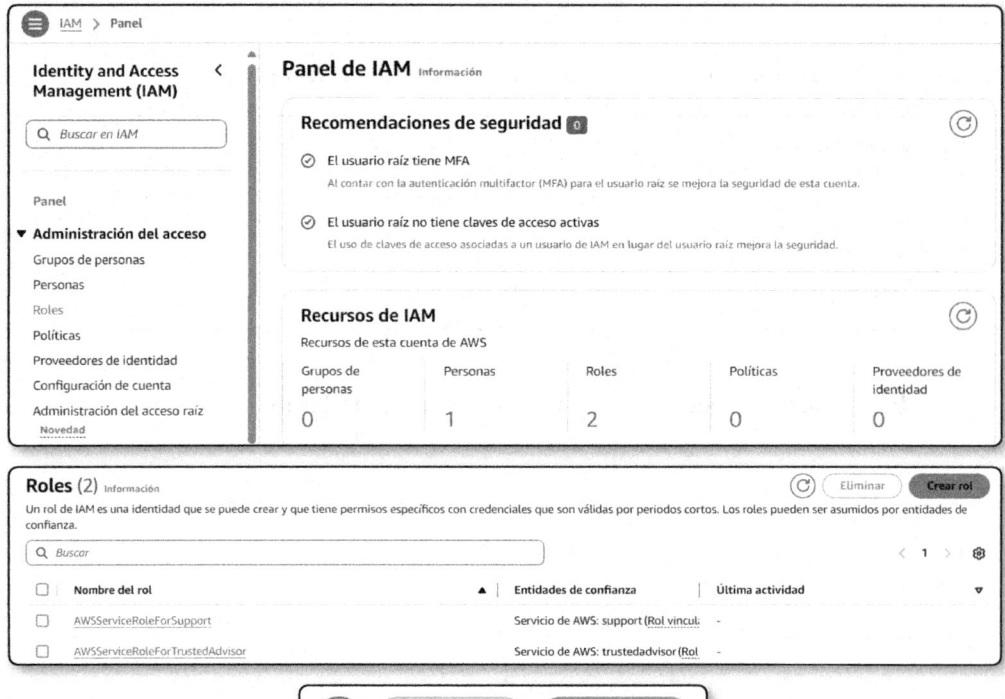

▶ Selecciona "EC2" como tipo de entidad.

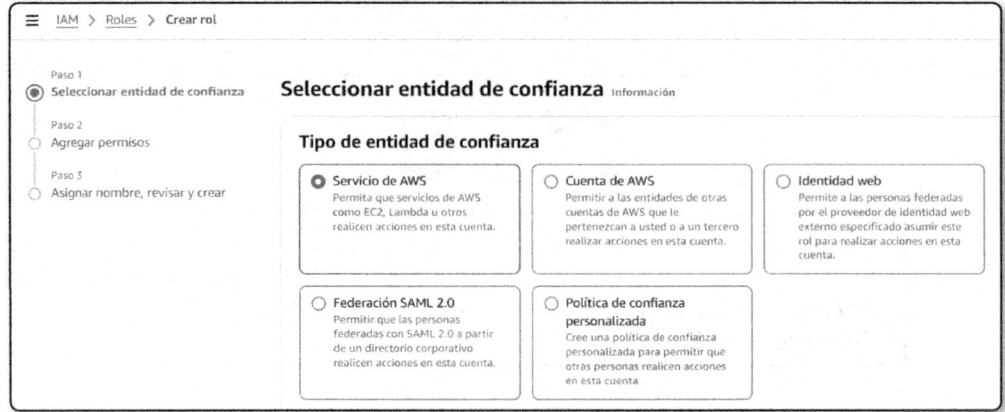

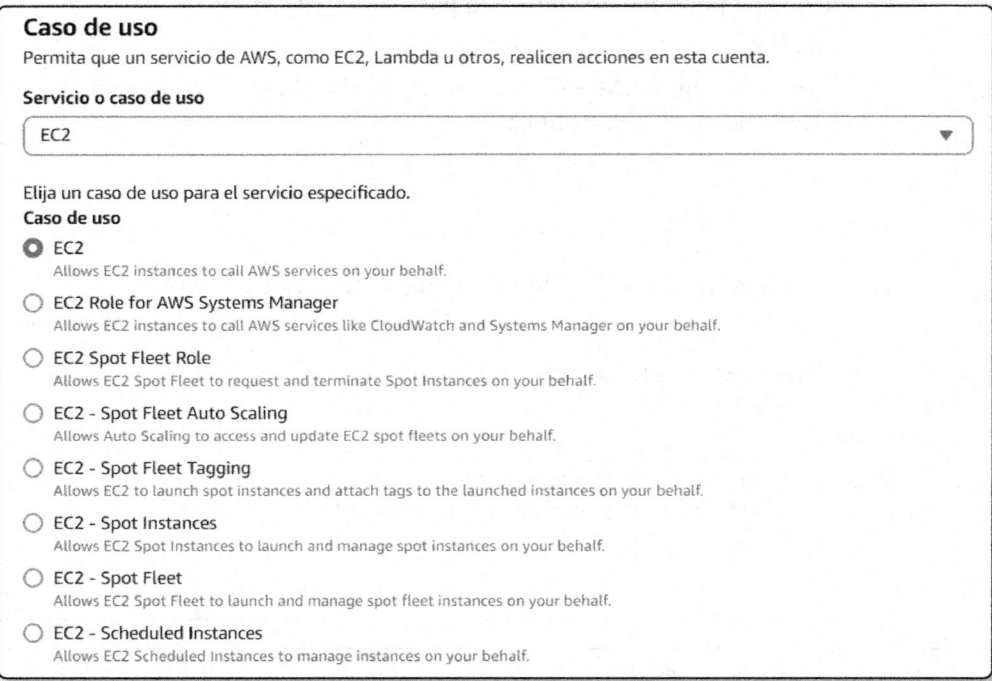

    ▷ Haz clic en el botón azul que dice "Siguiente" (esquina inferior derecha), sin seleccionar ninguna política todavía. Después pon el nombre al rol y selecciona "Crear rol":

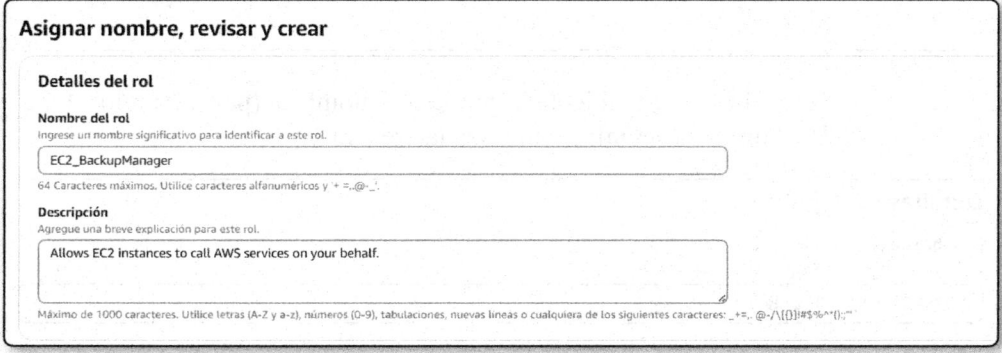

▶ Añade una política personalizada para subir backups a S3:

Para ello:

- Ve al servicio IAM → Políticas (en el menú lateral izquierdo).
- Haz clic en "Crear política".

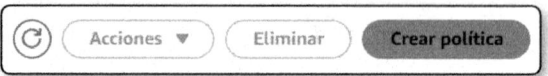

- En la pestaña "Editor JSON", copia y pega este código:

```
{
    "Version": "2012-10-17",
    "Statement": [
        {
            "Effect": "Allow",
            "Action": ["s3:PutObject"],
            "Resource": "arn:aws:s3:::backups-guttman/*"
        }
    ]
}
```

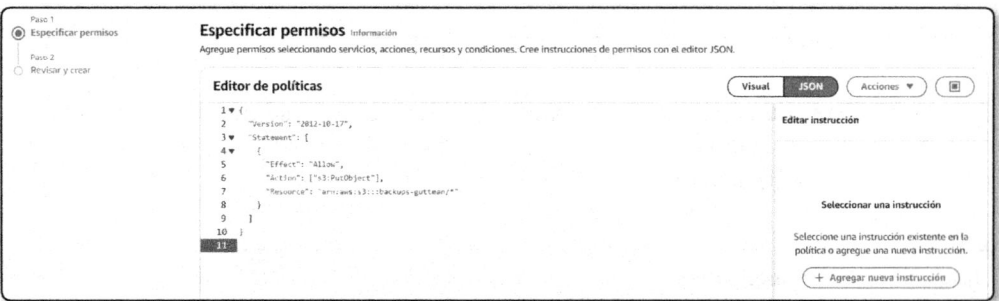

- Haz clic en "Siguiente", ponle un nombre (por ejemplo: EC2_BackupS3WriteOnly) y finaliza la creación.

Detalles de la política

Nombre de la política

Ingrese un nombre significativo para identificar a esta política.

EC2_BackupS3WriteOnly

128 caracteres como máximo. Utilice caracteres alfanuméricos y '+=,.@-_'.

Descripción: *opcional*

Agregue una breve explicación para esta política.

1000 caracteres como máximo. Utilice caracteres alfanuméricos y "+=,.@-_".

⊘ Se creó la política EC2_BackupS3WriteOnly.

▶ Añadir esta política al rol que ya creaste:

- Ve a IAM → Roles.
- Busca el rol EC2_BackupManager.

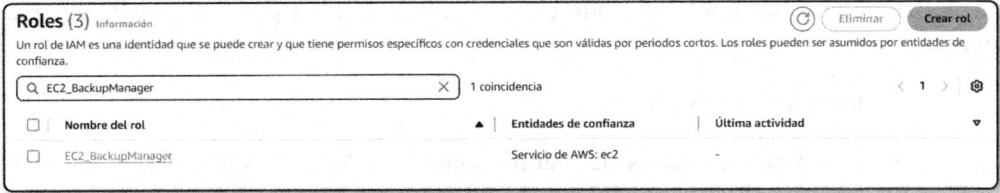

- Marca la casilla y haz clic en el rol para acceder a las políticas de permisos y selecciona "Agregar permisos" > "Asociar políticas".

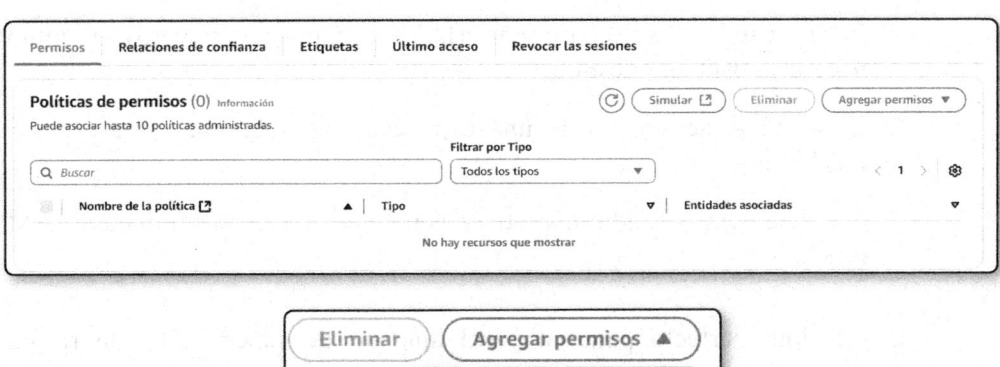

- Busca la política que acabas de crear (EC2_BackupS3WriteOnly), márcala y haz clic en "Agregar permisos".

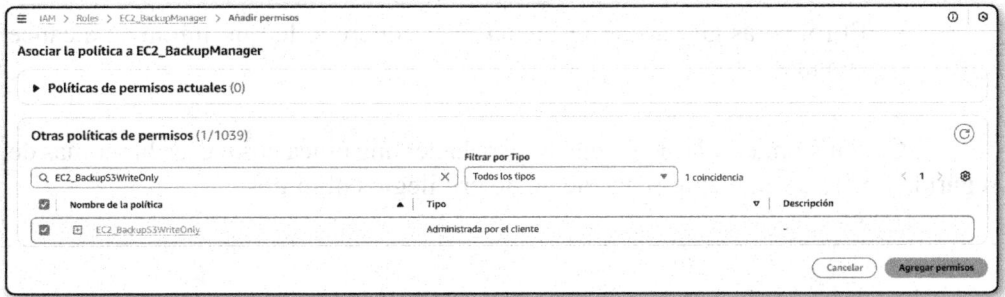

> ⊘ La política se ha asociado correctamente al rol.

Paso 3: aplicar el principio de mínimos privilegios

Este paso asegura que cada entidad solo tenga los permisos estrictamente necesarios.

Usuario Admin_Backups

- ▶ Solo tiene permisos de lectura sobre S3 (AmazonS3ReadOnlyAccess): no puede borrar, modificar ni subir archivos.

- ▶ Puede ver logs (CloudWatchReadOnlyAccess): necesario para auditar, pero sin capacidad de cambio.

- ▶ Puede cambiar su contraseña (IAMUserChangePassword): mínimo necesario para autogestión.

- ▶ Tiene MFA activo: añade una capa extra de seguridad ante accesos indebidos.

- ▶ No tiene permisos administrativos generales ni acceso completo a IAM ni S3.

Conclusión: perfecto para un perfil humano de supervisión, sin riesgo operativo.

Rol EC2_BackupManager

- ▶ Solo tiene la política personalizada de escritura (s3:PutObject) sobre el bucket backups-guttman/*.

- ▶ No puede leer, listar, borrar ni acceder a ningún otro bucket ni recurso.

- ▶ El rol se asignó a una instancia EC2 concreta, lo que limita su alcance aún más.

Conclusión: el rol está diseñado para hacer una única cosa: escribir copias de seguridad. Esto es un ejemplo excelente de privilegios mínimos.

También es buena idea **organizar a los usuarios por grupos**, sobre todo si gestionas varios perfiles. Por ejemplo, puedes tener un grupo "Desarrolladores" con acceso a EC2 y S3, y otro grupo "Administradores" con acceso más amplio. Así, si se incorpora alguien nuevo al equipo, basta con añadirlo al grupo adecuado, sin tener que configurar sus permisos desde cero.

Otro consejo importante: **activa la autenticación multifactor** (MFA) para todos los accesos sensibles, especialmente para el usuario root y para quienes tienen permisos de administración. Además, **revisa periódicamente las políticas activas**, y elimina las que ya no se usen o los accesos temporales que hayan caducado. AWS ofrece herramientas como **IAM Access Analyzer** que ayudan a detectar políticas demasiado amplias o accesos innecesarios.´

IAM también se integra con otros servicios de control de identidad, como **AWS Organizations**, que permite gestionar varias cuentas desde una misma consola, o con servicios de directorio como **AWS Directory Service**, ideal para entornos empresariales donde se quiera usar Active Directory para autenticar usuarios. Incluso puedes permitir acceso federado desde plataformas externas, como Google Workspace o Azure AD, mediante **federación SAML**, algo que facilita mucho la integración en organizaciones grandes.

3.3 ALMACENAMIENTO CON AMAZON S3

Cuando se empieza a trabajar con AWS, tarde o temprano hay que cruzarse con Amazon S3. Su nombre completo es *Amazon Simple Storage Service*, y aunque suena largo, la idea es muy sencilla: guardar archivos de forma segura, escalable y accesible desde cualquier parte del mundo. Dicho de otra forma, S3 es como un disco duro en la nube, pero con esteroides. No tiene límite práctico de capacidad, puedes almacenar desde una imagen hasta terabytes de datos, y todo queda perfectamente organizado si se siguen unas reglas claras. Es uno de los servicios más usados en todo tipo de proyectos: desde páginas web personales hasta plataformas de streaming, pasando por aplicaciones móviles, copias de seguridad o sistemas de inteligencia artificial que necesitan grandes volúmenes de información.

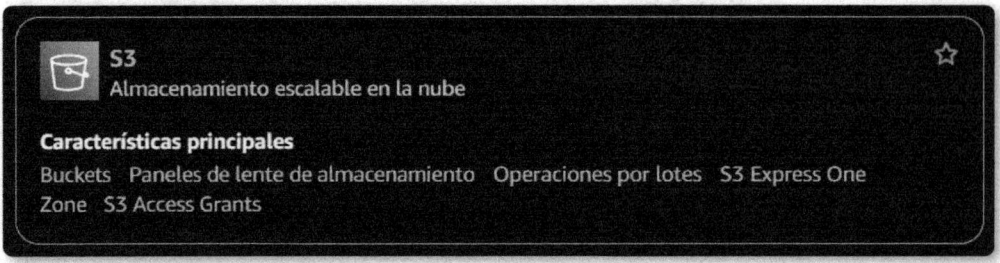

La unidad básica de almacenamiento en S3 es el **bucket**, que podríamos traducir como "cubo". Un bucket es, en realidad, un contenedor donde se guardan los objetos. Y cuando hablamos de objetos nos referimos a archivos de todo tipo: imágenes, vídeos, documentos, bases de datos, lo que quieras. Cada bucket tiene un nombre único a nivel global, lo que significa que no puedes crear un bucket llamado *misfotos* si alguien en otro lugar del mundo ya ha registrado ese nombre. Por eso, lo habitual es usar nombres personalizados o incluir un sufijo con el nombre de tu proyecto, como misfotos-trixal-2025.

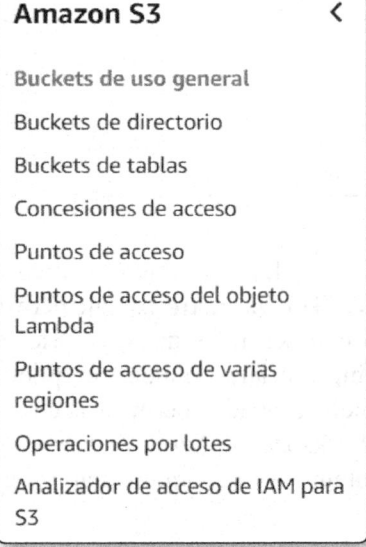

Dentro de cada bucket puedes organizar los archivos con una estructura similar a la de carpetas, aunque técnicamente lo que hace S3 es manejar rutas y prefijos, no carpetas reales como las que ves en tu ordenador. Pero visualmente y en la práctica, puedes tener algo así como /documentos/facturas/2024/factura123.pdf, y navegar por esas "carpetas" desde la consola. Esta organización es muy flexible y facilita mucho el trabajo cuando se manejan miles de archivos.

Recurso

Para crear un bucket

Haz clic en "Crear bucket"

🏳 Esto abrirá un formulario donde puedes configurar tu bucket.

Configura el nombre y región del bucket:

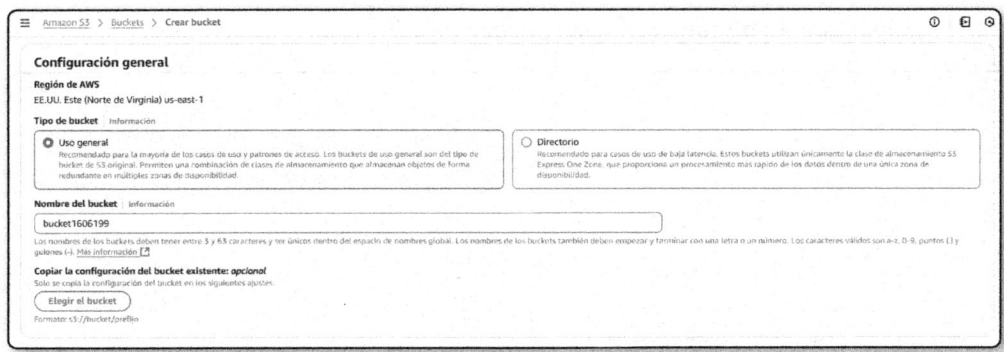

🏳 Nombre del bucket: debe ser único a nivel global.

🏳 Región: elige la región donde quieres almacenar tus datos (por ejemplo, eu-west-1 para Irlanda).

Configura opciones de seguridad:

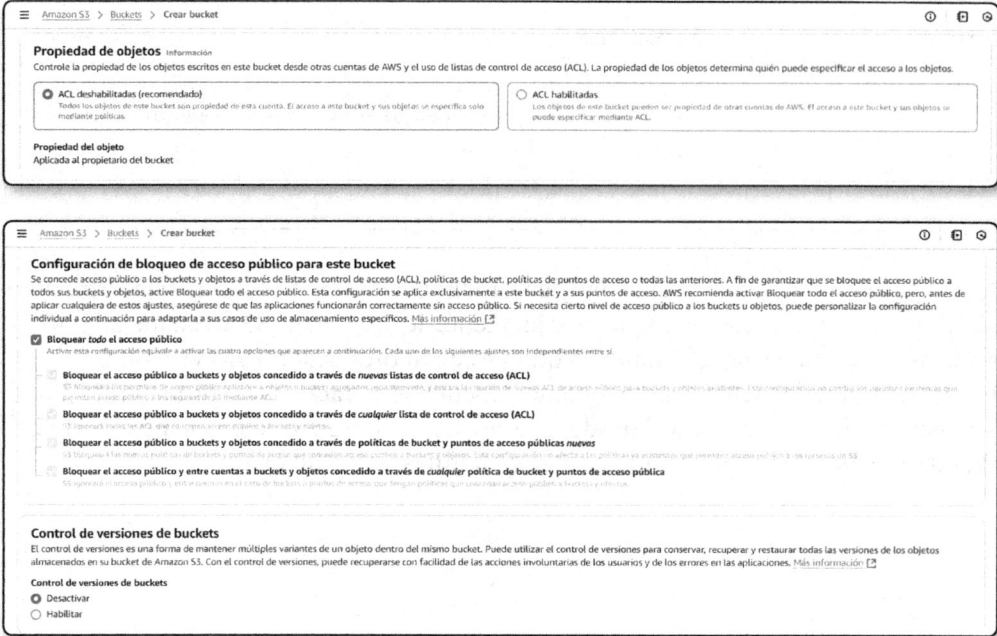

▶ Puedes desactivar el acceso público si quieres que solo ciertos usuarios tengan acceso.

▶ También puedes habilitar cifrado (por ejemplo, SSE-S3) si necesitas proteger la información.

Opcional: configura versiones, etiquetas y logs:

▶ Puedes activar el versionado (para conservar versiones antiguas), añadir etiquetas para organizar tus recursos o activar registros de acceso.

Revisa las opciones y haz clic en "Crear bucket":

Ahora bien, una de las cosas más potentes de S3 es que no te obliga a usar un solo tipo de almacenamiento para todos los archivos. Amazon ha diseñado **clases de almacenamiento**, que son básicamente modos distintos de guardar los datos según el uso que les vayas a dar. Por ejemplo, si tienes archivos que se consultan todos los días, lo ideal es usar la clase **Standard**, que ofrece baja latencia y alta disponibilidad. Es perfecta para aplicaciones activas, sitios web o sistemas en producción.

Pero si lo que tienes son documentos que necesitas guardar por obligación legal o simplemente por si acaso —como facturas antiguas, backups o registros de logs que nadie consulta a menudo—, puedes optar por otras clases como **S3 Glacier** o **S3 Glacier Deep Archive**, que son mucho más baratas porque están pensadas para datos que se acceden una o dos veces al año. La pega es que tardan más tiempo en estar disponibles cuando las necesitas, a veces horas.

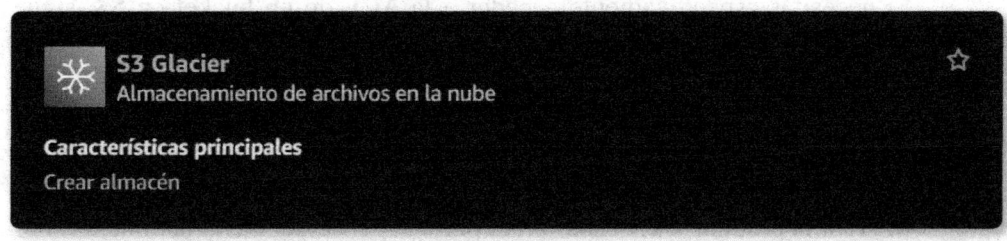

Para archivos que se consultan ocasionalmente pero que aún deben estar accesibles rápidamente, existe la clase **S3 Standard-IA (Infrequent Access)**. Y si quieres que AWS decida automáticamente qué clase es mejor en función del uso real, puedes activar el **almacenamiento inteligente (Intelligent-Tiering)**, que va moviendo los objetos entre clases según su nivel de acceso, ahorrando dinero sin que tengas que preocuparte por ello.

Una de las ventajas más interesantes de S3 es el **control de acceso**, porque no todo lo que subes tiene que estar disponible para todo el mundo. De hecho, por defecto, todo lo que guardas en un bucket es privado. Solo tú (o quienes tú autorices) pueden ver y manipular esos archivos. El sistema de permisos de S3 es muy completo y se puede gestionar a varios niveles. Puedes dar permisos a nivel de bucket completo o a nivel de objeto específico. Por ejemplo, puedes permitir que una imagen concreta esté disponible públicamente en tu web, pero mantener todo lo demás bajo llave.

Los permisos se gestionan mediante **políticas**, que pueden ser políticas de bucket (afectan a todos los archivos dentro del cubo) o políticas de acceso a nivel de usuario usando IAM. También puedes generar URLs temporales que dan acceso a un archivo durante un tiempo limitado, lo cual es muy útil si quieres compartir algo con un cliente o con otro equipo sin dejarlo abierto indefinidamente. Y si trabajas con aplicaciones o usuarios externos, puedes usar el sistema **ACL (Access Control List)** para definir permisos más granulares.

Nota

Recientemente, AWS recomienda gestionar el acceso mediante políticas de bucket (Bucket Policies) o políticas basadas en identidad (IAM Policies), ya que ofrecen mayor flexibilidad y seguridad.

¿Dónde encontrar la ACL en AWS?

Si necesitas específicamente acceder a la ACL de un bucket en S3, sigue estos pasos:

1. Accede a la Consola de AWS (https://console.aws.amazon.com).
2. Entra en el servicio Amazon S3.
3. Selecciona tu bucket haciendo clic en su nombre.
4. Ve a la pestaña "Permisos" en la parte superior del menú del bucket.

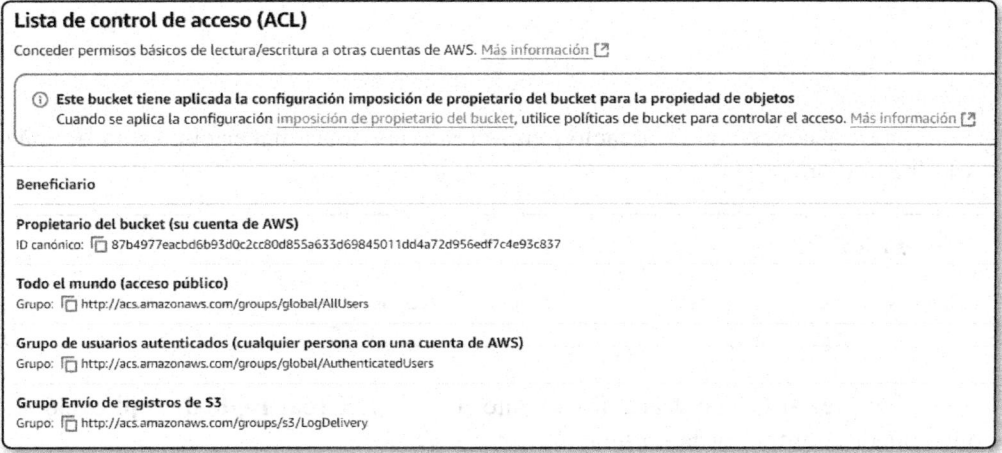

5. Desplázate hacia abajo hasta que veas la sección "Listas de control de acceso (ACL)":

Lista de control de acceso (ACL)

Conceder permisos básicos de lectura/escritura a otras cuentas de AWS. Más información [⬀]

ⓘ Este bucket tiene aplicada la configuración imposición de propietario del bucket para la propiedad de objetos
Cuando se aplica la configuración imposición de propietario del bucket, utilice políticas de bucket para controlar el acceso. Más información [⬀]

Beneficiario

Propietario del bucket (su cuenta de AWS)
ID canónico: [⎘] 87b4977eacbd6b93d0c2cc80d855a633d69845011dd4a72d956edf7c4e93c837

Todo el mundo (acceso público)
Grupo: [⎘] http://acs.amazonaws.com/groups/global/AllUsers

Grupo de usuarios autenticados (cualquier persona con una cuenta de AWS)
Grupo: [⎘] http://acs.amazonaws.com/groups/global/AuthenticatedUsers

Grupo Envío de registros de S3
Grupo: [⎘] http://acs.amazonaws.com/groups/s3/LogDelivery

Ahí verás las opciones clásicas para definir quién puede leer o escribir en el bucket.

Desde aquí podrás ver, editar o modificar la ACL

AWS ahora considera que las ACL son un método obsoleto para controlar el acceso.

Recomiendan usar Bucket Policies o políticas basadas en IAM porque son más seguras y manejables.

Por ejemplo, si tienes este escenario:

▸ Dar acceso público de solo lectura → Usa Bucket Policy.

▸ Dar acceso a usuarios específicos o roles IAM → Usa IAM Policies.

Las ACL quedan principalmente para casos concretos o de compatibilidad con aplicaciones antiguas.

S3 también te permite configurar reglas para **versionado de archivos**, lo cual es muy útil cuando necesitas mantener un historial de cambios. Activando el versionado, cada vez que subes un archivo con el mismo nombre, S3 guarda una versión nueva sin borrar la anterior. Así puedes volver atrás si algo sale mal o si necesitas recuperar un archivo borrado accidentalmente. Otra opción interesante es la **replicación entre regiones**, que te permite mantener copias automáticas de tus datos en otra región geográfica, lo que mejora la resiliencia ante desastres o fallos regionales.

Recurso

Para acceder a la replicación entre regiones debes hacer clic en la pestaña "Administración".

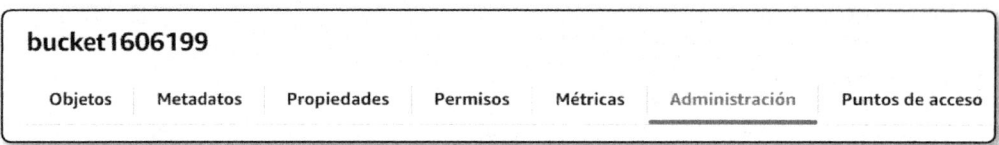

Una vez allí, encontrarás fácilmente la opción **"Crear regla de replicación"**, donde puedes configurar la replicación entre regiones.

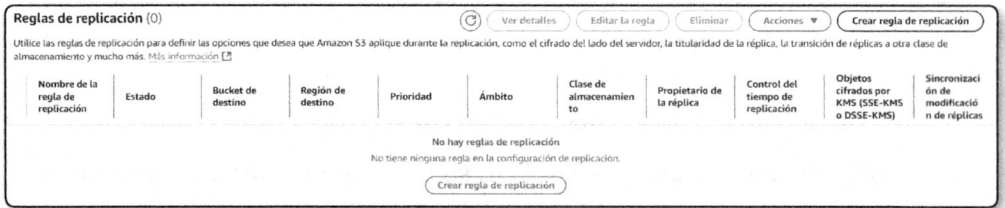

Desde ahí podrás añadir reglas y configurar la replicación entre regiones.

1. Nombre de la regla de replicación

   - Aquí simplemente escribe un nombre identificativo, por ejemplo:
   - *replicacion-region-backup*

2. Estado

   - Déjalo en "Habilitada" si quieres que la replicación empiece a funcionar inmediatamente tras crearla.

3. Prioridad

   - Si tienes varias reglas de replicación que podrían afectar a los mismos objetos, esta prioridad determina cuál regla prevalece.

   - Por defecto puedes dejarlo en 0 si esta es la única regla o la más importante.

Completa los siguientes detalles según tus necesidades y luego continúa hasta completar la creación.

*Es importante mencionar que el bucket debe tener habilitado el control de versiones de objeto para crear esta regla:

> **⊘ Control de versiones de objetos habilitado**
> Este bucket ahora tiene habilitado el control de versiones de objetos. Si necesita suspender el control de versiones, puede hacerlo en Propiedades del bucket y, de esta manera, ya no podrá crear la regla y perderá cualquier cambio que haya realizado.

Desde el punto de vista técnico, S3 destaca por su **durabilidad y disponibilidad**. Amazon garantiza una durabilidad del 99.999999999% (11 nueves), lo que significa que es extremadamente poco probable que pierdas un archivo. Esto lo consigue replicando automáticamente cada objeto en múltiples dispositivos dentro de una región. Además, puedes configurar notificaciones para saber cuándo alguien sube, borra o modifica un archivo, lo cual es muy útil para automatizar flujos de trabajo.

Además de todas sus funcionalidades básicas, Amazon S3 ofrece un abanico de herramientas complementarias que permiten sacarle el máximo partido a su arquitectura, sobre todo cuando se empieza a trabajar con grandes volúmenes de datos o se quiere automatizar la gestión del almacenamiento. Por ejemplo, una opción muy interesante es la **gestión del ciclo de vida**, que permite definir reglas automáticas para mover objetos entre distintas clases de almacenamiento o eliminarlos tras un periodo determinado. Esta característica es ideal en proyectos donde los datos tienen una vigencia clara. Por ejemplo, si tienes registros que solo necesitas guardar durante tres meses, puedes programar su eliminación automática y olvidarte del asunto. Del mismo modo, puedes establecer que pasen de S3 Standard a Standard-IA tras 30 días de inactividad, y después a Glacier si no se accede a ellos en un año. Esto optimiza los costes sin comprometer la organización.

Otra característica poco conocida, pero muy útil, es **S3 Object Lock**, una función pensada para cumplir con normativas estrictas de retención de datos, como las que afectan al sector financiero o sanitario. Con Object Lock puedes asegurarte de que un archivo no se borrará ni modificado durante un tiempo específico. Esto añade una capa de protección legal, técnica y operativa que muchas empresas necesitan para estar tranquilas en auditorías o inspecciones. No es algo que se use todos los días, pero cuando lo necesitas, se vuelve esencial.

S3 también puede integrarse fácilmente con otros servicios de AWS, lo que permite crear flujos de trabajo muy potentes sin tener que salir del entorno. Por ejemplo, puedes conectar un bucket con **Lambda**, el servicio que ejecuta código sin necesidad de servidores, y hacer que cada vez que se suba un archivo se ejecute automáticamente una función: convertir un vídeo a otro formato, procesar una imagen, enviar una notificación... Las posibilidades son enormes y abren la puerta a una automatización que antes solo era posible con servidores dedicados o código complejo.

Además, Amazon S3 puede funcionar como origen estático para una página web. Esto significa que puedes alojar sitios web sencillos directamente desde un bucket, sin necesidad de configurar servidores ni sistemas complejos. Solo tienes que subir tus archivos HTML, CSS, imágenes y demás, activar la opción de "hosting estático" y ya tienes una web disponible para el mundo. Esto lo usan muchos desarrolladores que quieren mostrar portfolios, sitios personales o pequeñas landing pages de forma rápida y sin gastos.

También se pueden aplicar reglas de **cifrado automático**, tanto en reposo como en tránsito. Esto quiere decir que los datos que almacenes estarán protegidos en todo momento, incluso si alguien logra acceder de forma no autorizada a la infraestructura física. AWS ofrece opciones de cifrado gestionado por el propio servicio (SSE-S3), con claves gestionadas por el cliente (SSE-C), o mediante el servicio KMS (AWS Key Management Service), que permite llevar un control más detallado de las claves. Estas opciones cumplen con los estándares internacionales y son compatibles con las exigencias legales en contextos europeos como el RGPD.

Por último, no hay que olvidar que todo lo que pasa en S3 puede ser monitorizado y auditado. Usando servicios como **AWS CloudTrail**, puedes ver quién accedió a qué archivo, cuándo lo hizo y desde dónde. Esto es especialmente útil para proyectos colaborativos o entornos empresariales donde varias personas o sistemas interactúan con los mismos datos. La trazabilidad de las acciones aporta una capa de seguridad y responsabilidad que, bien configurada, puede ser decisiva para detectar comportamientos anómalos o garantizar el cumplimiento de políticas internas.

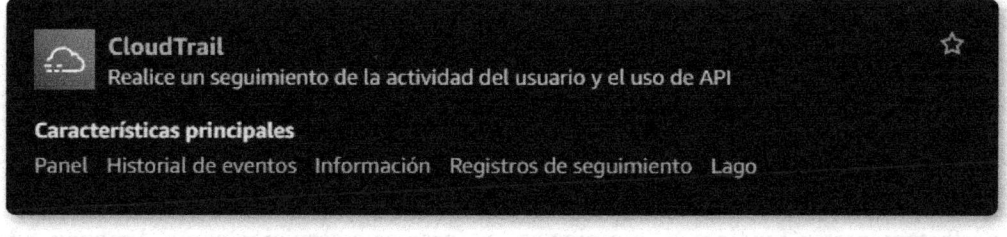

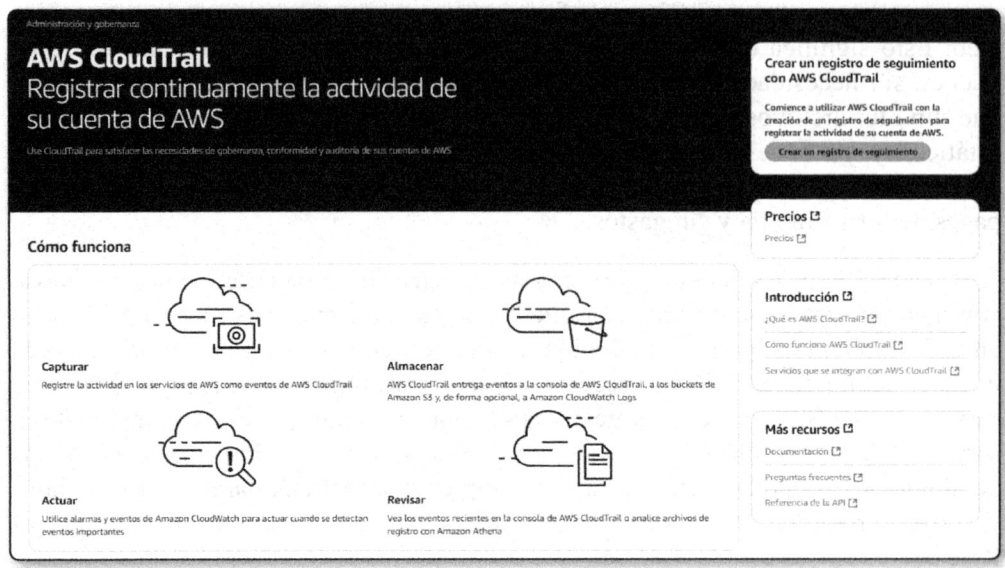

En conjunto, Amazon S3 no es simplemente un lugar para subir archivos. Es un sistema diseñado para acompañar el crecimiento de los proyectos, adaptarse a distintos contextos legales y técnicos, facilitar la automatización y, sobre todo, proporcionar un entorno de almacenamiento fiable y escalable que se ajusta tanto a pequeñas pruebas personales como a despliegues empresariales de gran envergadura.

3.4 WEBSITE ESTÁTICO

Montar una página web estática puede parecer algo del pasado si se compara con las aplicaciones dinámicas llenas de interactividad que dominan hoy en día. Sin embargo, las webs estáticas siguen siendo una opción muy interesante cuando lo que se necesita es algo sencillo, rápido, seguro y fácil de mantener. Sitios personales, portfolios de diseñadores, páginas informativas de proyectos, landing pages o presentaciones de productos son algunos ejemplos donde una web estática cumple perfectamente su función. Y lo mejor es que gracias a servicios como **Amazon S3** y **CloudFront**, hoy es posible alojar este tipo de sitios con altísima disponibilidad, excelente rendimiento y sin complicaciones técnicas.

El proceso de alojar una web estática en **Amazon S3** es bastante intuitivo, incluso para quienes no tienen mucha experiencia técnica. Básicamente, se trata de subir los archivos que forman tu sitio web —HTML, CSS, JavaScript, imágenes, fuentes, etc.— a un **bucket** de S3. Este bucket funcionará como el contenedor de tu página. Una vez que están dentro, hay que activar una opción específica llamada *static website hosting* (Alojamiento de sitios web estáticos), que convierte ese bucket en un punto de acceso público donde cualquiera podrá ver tu web. Luego defines el archivo de inicio (generalmente index.html) y, si lo necesitas, también una página de error personalizada (error.html). A partir de ahí, tu sitio está publicado.

bucket1606199 Información

Objetos | Metadatos | Propiedades

Para acceder al alojamiento de sitios web estáticos hay que ir a "Propiedades"

Alojamiento de sitios web estáticos

Utilice este bucket para alojar un sitio web o redireccionar solicitudes. Más información [↗]

ⓘ **Recomendamos usar AWS Amplify Hosting para el alojamiento de sitios web estáticos**
Implemente rápidamente un sitio web rápido, seguro y confiable con AWS Amplify Hosting.
existentes [↗]

Alojamiento de sitios web estáticos de S3
Deshabilitada

(**Editar**)

Editar sitio web estático

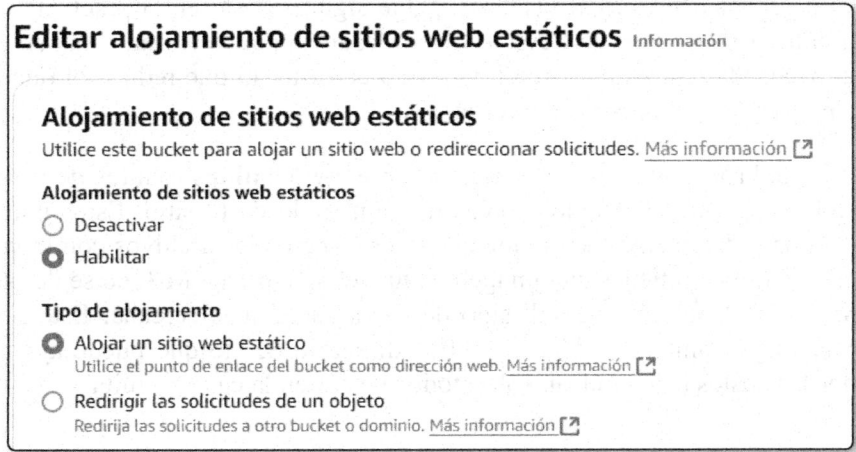

Editar alojamiento de sitios web estáticos Información

Alojamiento de sitios web estáticos
Utilice este bucket para alojar un sitio web o redireccionar solicitudes. Más información [↗]

Alojamiento de sitios web estáticos
○ Desactivar
● Habilitar

Tipo de alojamiento
● Alojar un sitio web estático
    Utilice el punto de enlace del bucket como dirección web. Más información [↗]

○ Redirigir las solicitudes de un objeto
    Redirija las solicitudes a otro bucket o dominio. Más información [↗]

Habilitar alojamiento de sitios web estáticos

Documento de índice
Especifique la página predeterminada o de inicio del sitio web.

> *index.html*

Documento de error - *opcional*
Esto se devuelve cuando se produce un error.

> *error.html*

Reglas de redireccionamiento: *opcionales*
Redireccione las reglas, escritas en JSON, para redirigir automáticamente las solicitudes de páginas web de contenido específico. Más información [↗]

```
1
```

Completar según requerimientos propios

Pero hay que tener en cuenta que, por defecto, los buckets de S3 están configurados para ser privados. Esto es lógico por motivos de seguridad. Para que tu sitio esté disponible para todo el mundo, debes modificar las **políticas de acceso** del bucket y permitir la lectura pública de los objetos. Esta parte hay que hacerla con cuidado, solo habilitando lo estrictamente necesario, porque abrir demasiado puede exponer tus datos si no gestionas bien los permisos.

Una vez publicado tu sitio, si el público objetivo está muy repartido geográficamente o si esperas que muchas personas accedan al mismo tiempo, es recomendable mejorar su rendimiento mediante **Amazon CloudFront**. Este servicio es una **red de distribución de contenido (CDN)** que se encarga de servir tu página desde el lugar más cercano al visitante. ¿Qué significa esto en la práctica? Que si alguien entra a tu web desde Sevilla y otro desde Lima, cada uno accederá a una copia almacenada temporalmente en un nodo cercano, lo que reduce el tiempo de carga y mejora la experiencia de navegación.

CloudFront funciona almacenando en **edge locations** (puntos de presencia distribuidos por todo el mundo) copias del contenido de tu sitio. Estos puntos se actualizan periódicamente para mantener sincronizados los archivos con la versión original en S3. Así, si tienes una imagen en tu web que pesa 1 MB, no se descargará siempre desde el bucket original, sino desde la caché más cercana. Esto no solo acelera la carga, también reduce el tráfico directo a S3, lo que puede ayudarte a mantener los costes bajo control, sobre todo si estás en la capa gratuita.

Configurar CloudFront con un bucket de S3 requiere algunos pasos más técnicos, como crear una **distribución** y enlazarla correctamente al origen del contenido. También puedes configurar un **nombre de dominio personalizado** (por ejemplo, www.misitio.com) usando **Route 53** o cualquier otro proveedor de DNS. Para que el sitio funcione bajo **HTTPS** —algo imprescindible hoy en día por seguridad y por posicionamiento en buscadores—, puedes utilizar certificados SSL gratuitos mediante **AWS Certificate Manager**. Todo esto puede parecer mucho al principio, pero una vez hecho, tu sitio está preparado para funcionar como una web profesional con velocidad y protección de primer nivel.

Otra ventaja interesante es que al estar alojado en S3, tu sitio web es muy **resistente a fallos**. Al no depender de un servidor tradicional que pueda caerse, sino de una infraestructura distribuida y altamente redundante, es muy poco probable que sufra interrupciones. De hecho, muchas empresas eligen esta solución para mostrar mensajes de mantenimiento cuando sus sistemas principales están caídos, porque saben que la web estática se mantendrá online pase lo que pase.

ⓘ Nota

Usar **Amazon S3 y CloudFront para alojar un sitio estático** permite montar una web profesional sin tener que gestionar servidores, sin preocuparse por las actualizaciones del sistema operativo y con la posibilidad de escalar automáticamente si el tráfico se dispara. Es una opción perfecta para quienes quieren enfocarse en el contenido sin complicarse con la infraestructura, y para quienes valoran la rapidez, la seguridad y la fiabilidad que ofrece el ecosistema de AWS. Una combinación sencilla en apariencia, pero muy potente en resultados.

Otro aspecto especialmente interesante del alojamiento de sitios estáticos en Amazon S3 es su integración con flujos de trabajo automatizados. En lugar de subir manualmente los archivos cada vez que haces un cambio, puedes conectarlo con herramientas de desarrollo modernas que facilitan el **despliegue continuo**. Por ejemplo, si usas GitHub, puedes configurar un pipeline que detecte cuando actualizas el repositorio y lance una nueva versión de tu sitio directamente al bucket de S3. Esto no solo ahorra tiempo, sino que asegura que todos los cambios estén reflejados al instante y sin errores humanos durante la carga de archivos.

En el contexto educativo o de pequeños proyectos empresariales, esta forma de trabajar también representa una solución accesible y con un mantenimiento muy bajo. No necesitas licencias, ni comprar máquinas físicas, ni preocuparte por parches de seguridad. Además, puedes controlar el **versionado de tu contenido**, ya que S3 permite conservar versiones anteriores de los archivos, por si necesitas volver atrás en caso de que algo no funcione como esperabas.

Respecto a los costes, esta arquitectura es especialmente eficiente. La capa gratuita de AWS te permite almacenar hasta **5 GB de archivos en S3** y servir una gran cantidad de peticiones mensuales sin coste. Combinado con CloudFront, puedes tener un sitio web disponible en todo el mundo, con tiempos de carga muy bajos y sin pagar un euro durante bastante tiempo si el tráfico es moderado. Y cuando llega el momento de pasar a una escala mayor, solo se paga por lo que se usa: almacenamiento adicional, número de peticiones o ancho de banda consumido.

Una cuestión que se valora mucho, sobre todo en proyectos institucionales o públicos en España, es el cumplimiento de normativas y la gestión del contenido estático bajo control europeo. Gracias a la posibilidad de **elegir regiones específicas** para almacenar los datos (como eu-west-3 en París o eu-south-1 en Milán), se puede asegurar que los ficheros del sitio estén dentro del Espacio Económico Europeo. Esto facilita el cumplimiento del RGPD, especialmente cuando se alojan documentos, formularios u otros recursos informativos que puedan contener datos personales o sensibles.

Por otro lado, los mecanismos de **control de acceso** en S3 y CloudFront permiten limitar o abrir el acceso de forma muy detallada. Puedes hacer que toda tu web sea pública, pero también puedes proteger determinadas carpetas o archivos con claves temporales, tokens firmados o cabeceras específicas. Esto resulta muy útil cuando se quieren alojar recursos de uso interno o que solo estén disponibles para un grupo de personas, como contenidos premium, manuales corporativos o secciones para usuarios registrados. La flexibilidad en este sentido es muy alta, y puedes construir sistemas de acceso personalizados sin necesidad de tener un backend complejo.

En términos de rendimiento, usar S3 y CloudFront también tiene un impacto positivo en el **SEO** y la experiencia de usuario. Las páginas estáticas, al no depender de bases de datos ni de generación dinámica, se cargan en tiempos mínimos, lo que mejora la percepción del visitante y reduce el porcentaje de abandono. Además, es más fácil optimizar aspectos como la compresión de archivos, el uso de caché o la entrega de recursos comprimidos (gzip o Brotli), lo cual mejora aún más el rendimiento general del sitio. Todo esto es clave en proyectos donde la velocidad de carga marca la diferencia, como portales de campañas digitales, portafolios artísticos o webs promocionales.

Finalmente, una ventaja poco mencionada es la capacidad de usar **funciones de redirección y error personalizadas** dentro del propio S3. Por ejemplo, puedes definir qué hacer si alguien intenta acceder a una página que no existe, redirigir tráfico hacia una URL externa o mostrar una página informativa con diseño propio. Esto da un toque más profesional al sitio, mejora la navegación y permite mantener una experiencia coherente sin depender de programación adicional. Y si se combina con las funcionalidades de **CloudFront Functions** o **Lambda@Edge**, incluso es posible ejecutar pequeñas funciones de lógica en el borde, como redirecciones condicionales, cambios en encabezados o personalización de contenido.

 **Nota**

El alojamiento de páginas web estáticas con Amazon S3 y CloudFront es una solución moderna, robusta y muy adaptable a diferentes necesidades. Desde proyectos personales hasta sitios institucionales, ofrece una alternativa sólida a los hosting tradicionales, con ventajas en coste, rendimiento, mantenimiento y cumplimiento normativo. Todo sin necesidad de gestionar servidores ni lidiar con complejas configuraciones. Una puerta de entrada muy potente para quienes quieran ofrecer contenidos digitales con calidad profesional desde el primer momento.

3.5 INSTANCIAS DE COMPUTACIÓN

Las instancias EC2 (Elastic Compute Cloud) es uno de los pilares más conocidos de AWS y, en términos sencillos, se puede decir que te permite crear y utilizar servidores virtuales en cuestión de minutos, sin tener que comprar máquinas físicas ni preocuparte por su mantenimiento. Es como tener tu propio ordenador en el centro de datos de Amazon, con la ventaja de que puedes modificarlo a medida, escalarlo cuando lo necesites y apagarlo cuando deje de ser útil.

Tal y como se ha explicado en la unidad 1, el funcionamiento básico es el siguiente: eliges una configuración (memoria RAM, procesador, almacenamiento), seleccionas una imagen del sistema operativo que quieres usar, configuras una red y unas reglas de seguridad, y lanzas tu instancia. En unos pocos clics tienes un servidor funcionando, listo para que empieces a trabajar. Y lo mejor es que puedes usarlo tanto para cosas muy sencillas como alojar una página personal, como para tareas complejas de procesamiento de datos o desarrollo de aplicaciones distribuidas. Por eso EC2 se ha convertido en una herramienta imprescindible para equipos técnicos, docentes, estudiantes o empresas que buscan flexibilidad en sus entornos de trabajo digital.

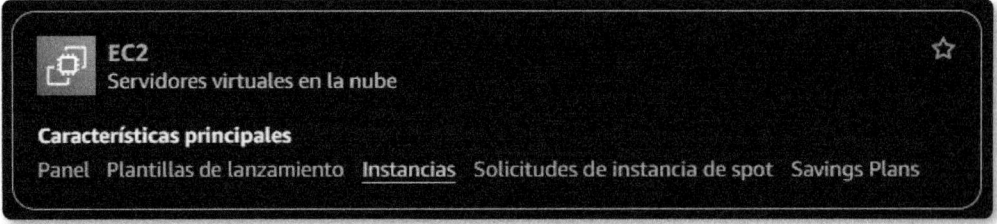

Una de las claves para aprovechar EC2 es entender los **tipos de instancias** que ofrece AWS. No hay una única plantilla para todo el mundo: AWS dispone de distintas familias de instancias pensadas para diferentes tipos de carga de trabajo. Por ejemplo, las instancias **t2.micro o t3.micro**, que suelen estar incluidas en la capa gratuita, están pensadas para entornos ligeros, como servidores de prueba o pequeñas aplicaciones web. Son ideales para comenzar y aprender sin coste, pero se quedan cortas si el tráfico crece mucho o si necesitas ejecutar tareas pesadas. Luego están las **instancias M**, que se consideran de propósito general, equilibradas entre capacidad de procesamiento y memoria, y son una opción versátil para muchas aplicaciones típicas. Las **instancias C** están optimizadas para tareas que requieren mucha CPU, como procesamiento de imágenes o cálculos matemáticos, mientras que las **R** se centran en la memoria, lo que las hace ideales para bases de datos o análisis de grandes volúmenes de información. Si necesitas potencia gráfica, también existen instancias **G** o **P**, que incorporan GPU para entrenar modelos de inteligencia artificial o renderizar gráficos en tiempo real.

Explicación detallada

Como sabemos, entender cómo funcionan los tipos de instancias en Amazon EC2 es como tener un catálogo de ordenadores virtuales entre los que puedes elegir según el trabajo que quieras realizar. No todas las tareas exigen la misma potencia, ni el mismo uso de memoria o almacenamiento. Por eso, AWS organiza sus instancias en familias, y cada una está pensada para un propósito distinto. La idea es sencilla: tú eliges qué necesitas hacer y EC2 te ofrece una máquina virtual ajustada a ese uso, con una configuración técnica que puede escalar según crezca tu proyecto. Vamos a ver cómo funciona esto en la práctica.

Primero, una **instancia** EC2 no es más que un servidor virtual que corre dentro de la infraestructura de AWS. Cuando lanzas una instancia, básicamente estás activando un ordenador con un sistema operativo, una cantidad de CPU, una memoria RAM, un almacenamiento, y una capacidad de red determinada. Todo eso lo eliges tú. AWS te cobra por el tiempo que la instancia está activa, y tú puedes decidir apagarla, cambiarle el tamaño o borrarla en cualquier momento.

Ahora bien, ¿cómo saber qué tipo de instancia elegir? Aquí entra en juego el concepto de **familia de instancias**, que es la forma en que AWS organiza sus servidores virtuales. Cada familia responde a un perfil de uso diferente, y dentro de cada una hay tamaños diversos (por ejemplo, micro, small, large, xlarge…) que te permiten escalar según tus necesidades.

La **familia "T"** (por ejemplo, *t2.micro, t3.micro, t4g.micro*) es de las más populares para empezar. Son instancias de propósito general, económicas y con un rendimiento "burstable", es decir, funcionan bien para cargas ligeras que tienen picos ocasionales de actividad. Si vas a montar un servidor web sencillo, un entorno de pruebas o aprender cómo funciona EC2, esta es la mejor opción, y además muchas versiones están incluidas en la capa gratuita de AWS.

Cuando la carga de trabajo es más constante o compleja, lo mejor es ir a por una instancia de la **familia "M"**, que ofrece un equilibrio entre CPU, memoria y red. Son ideales para aplicaciones de negocio, servidores de backend, bases de datos o cualquier sistema que requiera rendimiento estable. Si tu aplicación empieza a crecer y notas que la "T" se queda corta, probablemente esta sea la siguiente familia lógica a considerar.

Luego están las familias especializadas. Por ejemplo, la **familia "C"** (de "Compute") está optimizada para procesamiento intensivo. Se usa mucho para simulaciones, análisis matemático, renderizado, compresión de archivos, etc. Tiene más potencia de CPU por cada dólar que pagas, así que si tu tarea implica muchos cálculos y pocas operaciones de lectura/escritura, es la adecuada.

Por otro lado, si lo que te hace falta es **memoria RAM** porque trabajas con bases de datos grandes, cargas en memoria o procesamiento de datos estructurados, las instancias de la **familia "R"** son perfectas. Estas máquinas priorizan la capacidad de almacenar y manipular grandes volúmenes de datos en memoria.

AWS también ofrece familias enfocadas en gráficos e inteligencia artificial. Las **instancias "G" y "P"** incorporan **GPU** (unidades de procesamiento gráfico), pensadas para entrenar modelos de machine learning, hacer minería de datos, reconocimiento de imágenes o incluso para aplicaciones de realidad virtual o videojuegos en streaming. Estas máquinas son más caras, pero ofrecen un rendimiento gráfico y de cálculo que no se puede lograr con CPU tradicionales.

Además, existen otras familias como la **familia "H"**, pensada para tareas de análisis de datos de alto rendimiento (como big data), o la **familia "D"**, especializada en almacenamiento denso y rápido, perfecta para sistemas de archivos distribuidos, bases de datos pesadas o archivado masivo.

La decisión de qué instancia usar depende, entonces, de varios factores: ¿vas a hacer pruebas o necesitas un entorno serio? ¿Tu aplicación usa mucha CPU, mucha RAM o muchas operaciones de disco? ¿Tienes presupuesto para escalar si se vuelve popular? AWS te permite empezar con una instancia pequeña e ir creciendo a medida que lo necesites, incluso cambiando de tipo sin perder los datos. Es como poder cambiar el motor de un coche sin bajarte del vehículo.

Familia de instancia	Nombre de ejemplo	Uso recomendado	Ventajas
T	t2.micro / t3.micro	Uso general ligero, pruebas, servidores pequeños	Económicas, buena opción para empezar, incluidas en free-tier
M	m5.large	Aplicaciones de negocio, backend, bases de datos	Equilibrio entre CPU, RAM y red
C	c5.large	Procesamiento intensivo, simulaciones, cálculos	Alta capacidad de cálculo por coste
R	r5.large	Cargas de trabajo que requieren mucha RAM	Gran cantidad de memoria RAM disponible
G/P	p3.2xlarge / g4dn.xlarge	Procesamiento gráfico, machine learning, IA	Alta potencia gráfica y de cálculo especializado

Familia de instancia	Nombre de ejemplo	Uso recomendado	Ventajas
H	h1.2xlarge	Big Data, análisis de datos de alto rendimiento	Optimizadas para rendimiento en grandes volúmenes de datos
D	d2.2xlarge	Almacenamiento masivo, bases de datos pesadas	Gran capacidad de almacenamiento y velocidad de disco

Otro aspecto fundamental al lanzar una instancia EC2 es elegir la **Amazon Machine Image (AMI)** adecuada. Las AMIs son plantillas preconfiguradas que contienen un sistema operativo (como Amazon Linux, Ubuntu o Windows Server) y, en algunos casos, aplicaciones o configuraciones específicas. Por ejemplo, puedes encontrar AMIs diseñadas para funcionar con WordPress, Node.js, Django o incluso con herramientas como Jenkins o GitLab. Si quieres empezar desde cero, puedes seleccionar una AMI básica y personalizarla poco a poco. Pero si necesitas rapidez, usar una AMI con todo preinstalado te ahorra bastante tiempo. Además, también puedes crear tus propias AMIs personalizadas a partir de una instancia que hayas configurado y optimizado a tu gusto. Esto resulta muy útil si tienes que replicar una misma configuración en varios servidores o si necesitas mantener copias exactas de un entorno productivo.

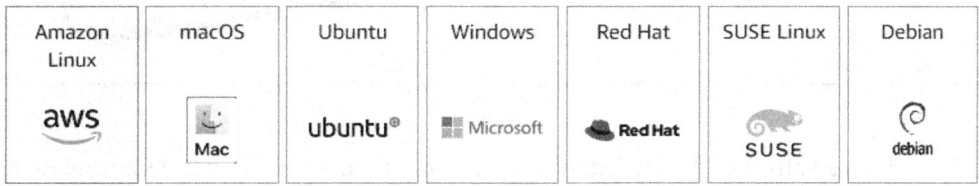

La **configuración básica** de una instancia también incluye definir el almacenamiento, que suele ir asociado a volúmenes EBS (Elastic Block Store). Puedes decidir cuánto espacio quieres, qué tipo de disco (más rápido o barato), y si quieres que el volumen se elimine al apagar la instancia o se conserve. También debes configurar el grupo de seguridad, que actúa como un firewall para permitir o bloquear tráfico. Por defecto, solo se permite la conexión SSH (puerto 22), pero si estás montando una web tendrás que abrir el puerto 80 o 443 para que los usuarios puedan verla. Estos ajustes son parte esencial del despliegue y conviene revisarlos con atención para evitar accesos no deseados o fallos de conectividad.

Una vez que todo está listo, lanzar la instancia es cuestión de segundos. Desde la consola de EC2 puedes ver el estado de tus servidores, detenerlos, reiniciarlos o terminarlos cuando ya no hagan falta. También puedes cambiar su tamaño, añadir discos adicionales o modificar las reglas de red, lo que ofrece una flexibilidad muy interesante. Para conectarte, normalmente se usa SSH si el sistema operativo es Linux, o RDP si es Windows. En ambos casos necesitas un par de claves (key pair), que actúa como tu contraseña segura y privada para acceder. Es importante guardar bien ese archivo .pem o .ppk, porque si lo pierdes, no podrás acceder a tu servidor y tendrás que crear uno nuevo.

La versatilidad de EC2 también se aprecia en cómo se puede automatizar todo el proceso mediante scripts, plantillas o herramientas como CloudFormation, lo que permite lanzar decenas de instancias con configuraciones idénticas. Esto es muy utilizado en grandes despliegues empresariales o en entornos educativos donde se necesita replicar laboratorios virtuales para múltiples alumnos.

EC2 no es simplemente "un servidor en la nube", es una plataforma muy completa y personalizable para crear infraestructuras digitales bajo demanda. Si se entiende bien cómo funciona, se abre un abanico enorme de posibilidades para desarrollar, probar, escalar y mantener aplicaciones modernas. Empezar con una instancia gratuita permite aprender sin riesgos, y a medida que se avanza, se puede explorar toda la potencia que ofrece este servicio.

Recurso

Esquema resumen

EC2 (Elastic Compute Cloud)

```
|
├──── ✦ ¿Qué es EC2?
|     └── Servidores virtuales rápidos y escalables en la nube de AWS.
|     └── No requiere comprar hardware físico ni mantenimiento propio.
|     └── Pagas solo por lo que utilizas, flexible y personalizable.
|
├──── ✱ Funcionamiento básico
|     ├── Elige la configuración técnica.
|     |     ├── CPU (procesador).
|     |     ├── RAM (memoria).
|     |     └── Almacenamiento (EBS).
|     |
|     ├── Selecciona una AMI (Imagen de sistema operativo).
|     |     └── Ejemplos: Amazon Linux, Ubuntu, Windows Server.
|     |
|     ├── Configura red y seguridad.
|     |     ├── VPC y Subne.
|     |     └── Security Groups (firewall virtual).
|     |
|     └── Lanza tu instancia en minutos.
|           └── ¡Listo para trabajar y conectarte por SSH o RDP!
|
├──── 📁 Familias de Instancias EC2
|     ├── Familia T (General - Burstable).
|     |     └── Ej.: t2.micro (uso gratuito, pruebas, proyectos ligeros).
|     |
|     ├── Familia M (Uso general equilibrado).
```

```
|   |     └── Ej.: m5.large (servidores web, backend, bases de datos medianas).
|   |
|   ├── Familia C (Procesamiento intensivo).
|   |     └── Ej.: c5.large (simulaciones, renderizado, procesamiento matemático).
|   |
|   ├── Familia R (Memoria intensiva).
|   |     └── Ej.: r5.large (bases de datos, big data, apps con mucha RAM).
|   |
|   ├── Familia G/P (Gráficos y GPU).
|   |     └── Ej.: p3.2xlarge, g4dn.xlarge (Machine Learning, IA, gráficos avanzados).
|   |
|   ├── Familia H (Big Data - Alto rendimiento).
|   |     └── Ej.: h1.2xlarge (análisis intensivo de datos).
|   |
|   └── Familia D (Almacenamiento denso).
|         └── Ej.: d2.2xlarge (bases de datos pesadas, almacenamiento masivo).
|
├── 🖥 AMI (Amazon Machine Image)
|   ├── Plantilla del sistema operativo (Ubuntu, Amazon Linux, Windows...).
|   ├── Preconfiguradas (WordPress, Node.js, Django...).
|   └── Puedes crear tus propias AMIs personalizadas.
|
├── 🔒 Seguridad y Acceso
|   ├── Security Groups (Firewall virtual): SSH (puerto 22), HTTP (puerto 80), HTTPS (443).
|   └── Par de claves (key-pair): archivo .pem/.ppk obligatorio para acceso seguro.
|
└── 📌 Ventajas clave de EC2
    ├── Escalabilidad inmediata según crecimiento.
    ├── Pago por uso real, ahorro de costes.
    ├── Alta flexibilidad y personalización.
    └── Fácil automatización con scripts o CloudFormation.
```

3.6 BALANCEADORES DE CARGA

Cuando un proyecto web empieza a crecer y recibe cada vez más visitas, uno de los retos más habituales es distribuir correctamente ese tráfico para que los usuarios no sufran tiempos de espera, errores de conexión o caídas del sistema. Aquí es donde entra en juego el concepto de **balanceador de carga**, una pieza clave dentro de cualquier arquitectura moderna en la nube. En el ecosistema de AWS, estos balanceadores reciben el nombre de **ELB (Elastic Load Balancing)** y están diseñados para gestionar la entrada de peticiones distribuyéndolas de forma eficiente entre diferentes instancias o recursos disponibles.

La función principal del balanceador de carga es actuar como un **punto de entrada único** que reparte el trabajo entre múltiples instancias de EC2 (u otros recursos), para que ninguna de ellas se sobrecargue. De esta forma, se mejora la **disponibilidad** del servicio y se garantiza una **experiencia fluida** para el usuario final, independientemente de la cantidad de gente conectada en ese momento. Además, si una de las instancias deja de responder, el balanceador automáticamente la saca de la rotación y redirige el tráfico hacia las demás, ayudando a mantener el servicio sin interrupciones.

AWS ofrece varios tipos de balanceadores dentro de su servicio ELB, cada uno con características particulares que lo hacen más adecuado según el tipo de aplicación o tráfico que se maneje. El primero y más tradicional es el **Classic Load Balancer (CLB)**, pensado para aplicaciones que no requieren una lógica compleja en el enrutamiento del tráfico. Aunque está en desuso para nuevos proyectos, todavía se utiliza en algunas arquitecturas más antiguas.

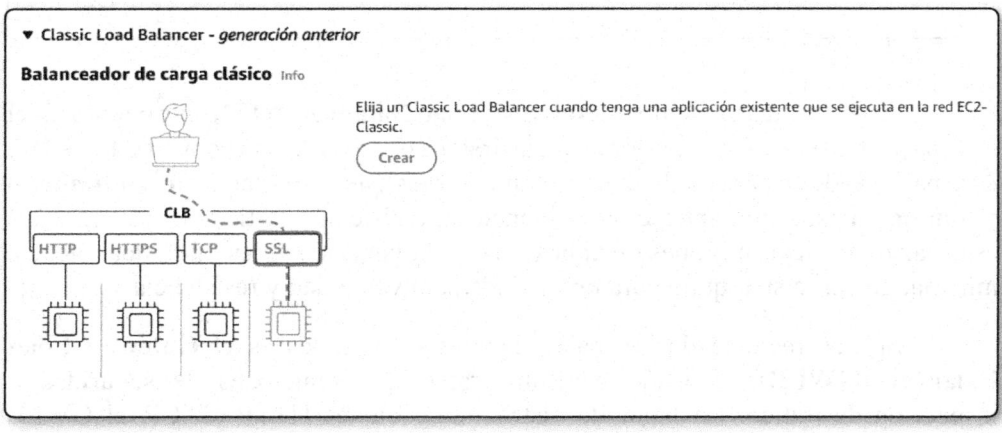

Después está el **Application Load Balancer (ALB)**, que es ideal para aplicaciones web modernas. Este tipo de balanceador funciona a nivel de capa 7 del modelo OSI, es decir, la capa de aplicación. Esto le permite tomar decisiones más inteligentes, como redirigir peticiones según la **ruta URL**, el **dominio** o incluso el **contenido del encabezado** HTTP. Por ejemplo, se puede configurar para que todas las peticiones que vayan a /imagenes se redirijan a un grupo de instancias específicas, mientras que las que van a /videos vayan a otro grupo distinto. Esta capacidad de discriminación lo convierte en una opción perfecta para servicios que tienen múltiples componentes y rutas diferenciadas.

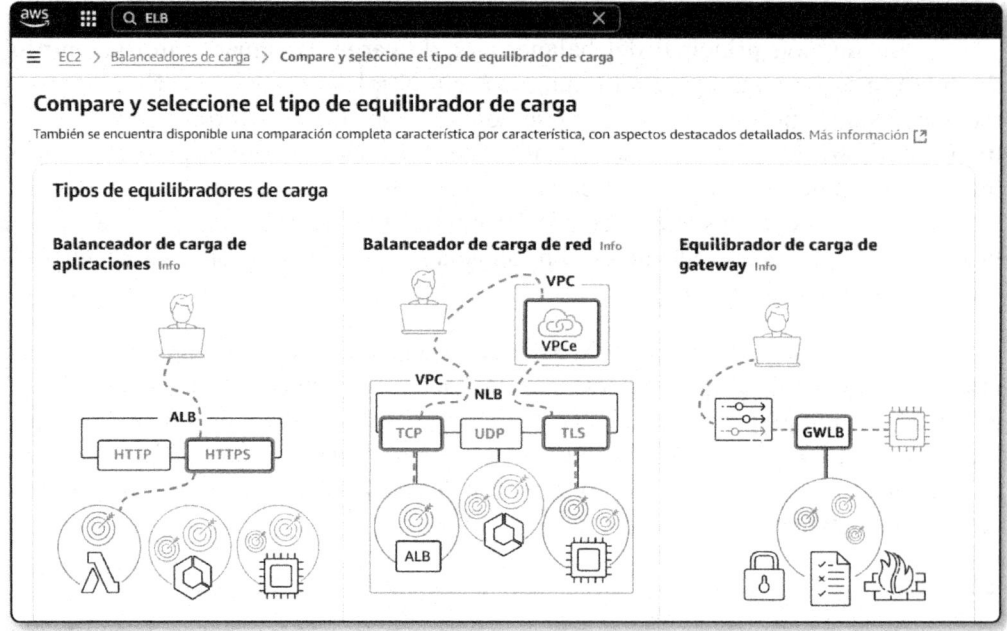

En tercer lugar, tenemos el **Network Load Balancer (NLB)**, que opera a nivel de capa 4 (transporte), lo que significa que trabaja con protocolos como **TCP** y **UDP**. Este balanceador es especialmente útil en entornos que necesitan **alto rendimiento y baja latencia**, como aplicaciones financieras o sistemas en tiempo real. El NLB es capaz de manejar millones de conexiones simultáneas manteniendo una latencia mínima, gracias a su arquitectura optimizada para velocidad y resistencia.

El más reciente de los balanceadores disponibles es el **Gateway Load Balancer (GWLB)**, diseñado para integrarse con soluciones de seguridad o inspección de tráfico. En lugar de distribuir peticiones HTTP o TCP, el GWLB trabaja en conjunto con **appliances virtuales** (como firewalls o sistemas de detección de intrusos) para inspeccionar y reenviar tráfico de red. Es una herramienta avanzada que responde a las necesidades más específicas del mundo empresarial o gubernamental.

Situación	Tipo de ELB recomendado	Justificación
Aplicación web con tráfico HTTP simple	Application Load Balancer (ALB)	Permite enrutar tráfico basado en contenido (URLs) y ofrece soporte para HTTPS.
Aplicación en contenedor con múltiples servicios	Application Load Balancer (ALB)	Ideal para enrutar a múltiples servicios en contenedores por puerto o ruta.
Aplicación móvil que se conecta por HTTPS	Application Load Balancer (ALB)	ALB permite manejar conexiones seguras y enrutar por rutas específicas.
Servicios internos dentro de una VPC	Network Load Balancer (NLB)	Ofrece baja latencia y soporte para tráfico interno dentro de una red privada.
Aplicación con picos de tráfico intensos	Network Load Balancer (NLB)	Diseñado para soportar millones de solicitudes por segundo con mínima latencia.
Transmisión de datos financieros sensibles	Network Load Balancer (NLB)	Ideal por su alto rendimiento y compatibilidad con direcciones IP estáticas.
Aplicación con protocolos distintos a HTTP/HTTPS	Network Load Balancer (NLB)	Soporta protocolos como TCP y UDP, más allá de HTTP.
Sitio web estático con tráfico global	Application Load Balancer (ALB) + CloudFront	ALB gestiona el backend y CloudFront reduce la latencia global.
Aplicación con requisitos de autenticación	Application Load Balancer (ALB)	Permite autenticación directa mediante Cognito o identidad OIDC.
Microservicios con rutas RESTful	Application Load Balancer (ALB)	Permite enrutar tráfico por path y host, ideal para REST APIs.
Alta disponibilidad en múltiples zonas	ALB o NLB	Ambos balanceadores están integrados con múltiples zonas de disponibilidad.
Servicio que usa WebSocket	Application Load Balancer (ALB)	Soporta protocolos WebSocket para comunicación en tiempo real.
Tráfico que necesita IP fija	Network Load Balancer (NLB)	Soporta asignación de direcciones IP elásticas (EIP).

Situación	Tipo de ELB recomendado	Justificación
Aplicación que requiere TLS extremo a extremo	Network Load Balancer (NLB)	Puede mantener conexiones TLS sin terminación hasta el backend.
Servicio de chat en tiempo real	Network Load Balancer (NLB)	Mejor manejo de conexiones persistentes y baja latencia.
Aplicación que funciona en múltiples puertos	Network Load Balancer (NLB)	Soporta balanceo en múltiples puertos simultáneamente.
Migración de aplicación heredada TCP	Classic Load Balancer (CLB)	Soporta tráfico TCP tradicional para aplicaciones más antiguas.
Ambiente híbrido con conectividad on-premise	Network Load Balancer (NLB)	Mejor rendimiento en entornos híbridos y latencia mínima.
Balanceo de tráfico gRPC	Application Load Balancer (ALB)	Soporta el protocolo gRPC desde 2020.
Servicios web con múltiples dominios	Application Load Balancer (ALB)	Permite enrutamiento por hostname y gestión centralizada.
Aplicaciones distribuidas multiregión	Global Accelerator + NLB	Global Accelerator optimiza rutas de red y enruta a NLB regionales.
APIs expuestas a desarrolladores externos	Application Load Balancer (ALB)	Permite reglas específicas y control detallado de rutas.
Servicios de streaming multimedia	Network Load Balancer (NLB)	Manejo de alta tasa de transferencia y conexiones persistentes.
Despliegue blue/green	Application Load Balancer (ALB)	Permite cambiar rutas de tráfico fácilmente entre versiones.
Aplicación sin servidor (Lambda)	Application Load Balancer (ALB)	Compatible con AWS Lambda como destino.
Despliegues con ECS	Application Load Balancer (ALB)	Se integra automáticamente con ECS para balancear entre tareas.
Tráfico UDP (ej. juegos online)	Network Load Balancer (NLB)	Soporta tráfico UDP directamente, ideal para juegos en tiempo real.
Aplicación legacy que no usa HTTP	Classic Load Balancer (CLB)	Soporta TCP y SSL, útil para transiciones de infraestructura.
Tráfico entrante directo desde Internet	ALB o NLB	Ambos soportan tráfico desde Internet, elige según protocolo.
Sitio web con picos estacionales	Application Load Balancer (ALB) + Auto Scaling	ALB balancea y Auto Scaling adapta la capacidad.

Una de las grandes ventajas de los balanceadores de carga en AWS es su **capacidad de integración automática** con otros servicios, como **Auto Scaling**. Imagina que tienes un sitio web que normalmente tiene poco tráfico, pero que durante ciertas campañas o eventos puede disparar las visitas en cuestión de minutos. Configurando Auto Scaling junto con un ELB, puedes asegurarte de que el sistema reaccione solo, sin intervención manual. A medida que el tráfico sube, Auto Scaling lanza nuevas instancias EC2, y el balanceador las detecta y comienza a enviarles tráfico. Cuando la demanda baja, las instancias sobrantes se apagan, y el ELB las deja fuera de la rotación. Este comportamiento permite optimizar costes sin perder rendimiento, algo muy valorado en proyectos donde el tráfico es cambiante.

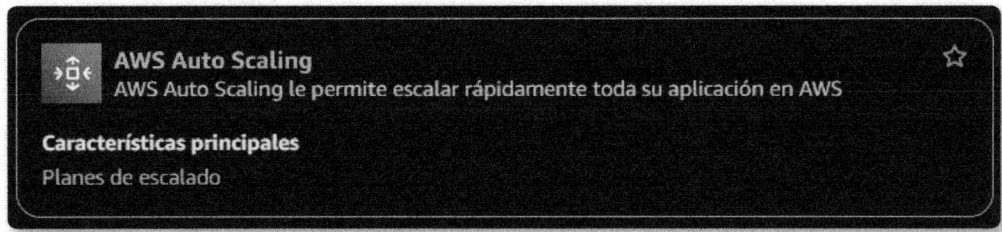

AWS Auto Scaling
AWS Auto Scaling le permite escalar rápidamente toda su aplicación en AWS

Características principales
Planes de escalado

Escalado automático de AWS
Le ayuda a escalar rápida y fácilmente varios recursos

AWS Auto Scaling le permite descubrir rápidamente todos los recursos escalables subyacentes a su aplicación y configurar el escalado de aplicaciones en minutos mediante recomendaciones de escalado integradas.

Cómo funciona

Escalado automático de AWS
Unified scaling for your cloud applications

Explore your applications

Discover what you can scale

Choose what to optimize

Track scaling as it happens

El escalado automático de AWS permite ajustar los recursos de una aplicación en la nube según la demanda. Primero se exploran las aplicaciones existentes, luego se identifica qué partes pueden escalar (como servidores o bases de datos). Después se elige si se quiere optimizar el coste o el rendimiento, y finalmente se puede seguir el escalado en tiempo real con herramientas de monitoreo. Todo esto ayuda a que las aplicaciones funcionen mejor y de forma más eficiente sin intervención manual constante.

Además, el balanceador de carga puede trabajar con **zonas de disponibilidad distintas**, lo cual refuerza la **tolerancia a fallos**. Si una zona entera de AWS se ve afectada, el ELB puede redirigir el tráfico a otra zona donde haya instancias activas. Esto añade un nivel extra de robustez y continuidad del servicio, muy útil para sistemas que no pueden permitirse estar offline.

Otra función interesante es la **monitorización integrada**. Como ya sabemos, a través de **CloudWatch**, se pueden revisar métricas detalladas del tráfico que pasa por el balanceador: número de peticiones por segundo, latencia media, errores de respuesta, etc. Esto permite tomar decisiones rápidas si se detectan anomalías, y facilita la detección de cuellos de botella o la necesidad de optimización.

3.7 SOLUCIONES DE ALMACENAJE AL SISTEMA DE ARCHIVOS EN LA NUBE

Cuando uno empieza a trabajar con servicios en la nube como AWS, es muy común toparse con términos como EBS y EFS, y preguntarse: ¿cuál de los dos necesito para mi proyecto? La respuesta, como suele pasar en tecnología, depende bastante del caso de uso, del tipo de aplicación que se esté ejecutando y del comportamiento esperado en cuanto a acceso a datos, rendimiento y persistencia. Para entenderlo bien, conviene bajar a tierra cada concepto y analizarlo como si estuviéramos eligiendo entre dos tipos distintos de discos para nuestra "máquina virtual".

Empecemos por **Amazon EBS (Elastic Block Store)**. Este servicio está pensado para ser el disco duro de una instancia EC2. Es decir, cuando lanzas un servidor virtual en la nube, puedes asociarle un volumen EBS que se comporta igual que el disco físico de un ordenador. Lo formateas, lo montas, instalas tu sistema operativo o tus aplicaciones, y los datos se escriben ahí. Es almacenamiento de bloques, lo que significa que trabaja a nivel bajo y ofrece un rendimiento muy estable. Esto lo hace ideal para bases de datos, sistemas de archivos tradicionales, servidores con alto uso de lectura/escritura o cualquier aplicación que requiera acceso rápido y constante a disco. Lo bueno es que puedes elegir distintos tipos de volúmenes EBS en función de tus necesidades: desde opciones económicas y estándar como los volúmenes magnéticos, hasta SSD optimizados para operaciones intensas, como los GP3 o IO2.

Por su parte, **Amazon EFS (Elastic File System)** funciona de forma completamente distinta. Es un sistema de archivos compartido, accesible desde múltiples instancias a la vez, que se comporta como una carpeta de red. En lugar de estar vinculado a una máquina concreta, como EBS, EFS permite que varios servidores lean y escriban en el mismo espacio al mismo tiempo. Esta característica lo hace especialmente útil en escenarios donde tienes aplicaciones distribuidas, microservicios, sistemas que requieren sincronización de datos o entornos de análisis donde diferentes nodos necesitan acceder a la misma información de manera concurrente. La analogía sería como tener un servidor NAS en la nube al que puedes conectar varias máquinas sin preocuparte por la ubicación física o la configuración individual.

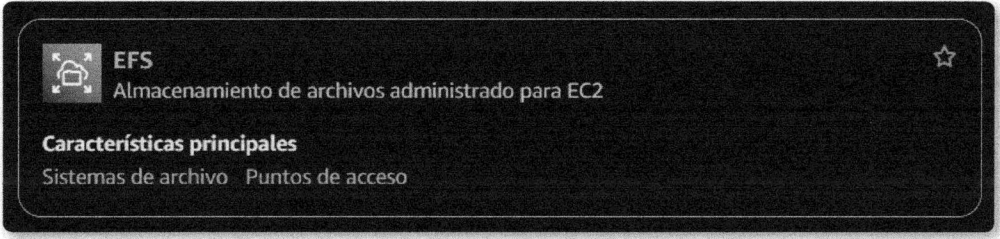

Opciones para crear un sistema de archivos

Una diferencia importante está en la **persistencia y el acoplamiento**. EBS está acoplado a una instancia: si la instancia se borra o se detiene, el volumen queda ahí, pero no es accesible hasta que se vuelve a asociar. Es decir, su ciclo de vida depende de cómo se gestione el servidor asociado. En cambio, EFS vive por sí solo, es independiente de las instancias EC2, y puede montarse en cualquier número de servidores al mismo tiempo, incluso en diferentes zonas de disponibilidad si así lo necesitas.

También hay una distinción clara en cuanto a **rendimiento y coste**. EBS ofrece un rendimiento muy predecible y puede llegar a cifras altas si eliges los volúmenes adecuados. En cambio, EFS escala automáticamente, tanto en capacidad como en rendimiento, según el volumen de datos y las operaciones que estés realizando. Eso suena muy atractivo, pero también puede implicar costes variables. EFS se cobra por GB usado al mes, mientras que EBS se factura por el tamaño del volumen aprovisionado, se use o no. En ciertos casos, EFS puede salir más caro si no se gestiona bien el espacio o si se mantiene almacenada mucha información que no se accede con frecuencia.

Por eso, elegir entre EBS y EFS no es una simple cuestión de precio o capacidad. Hay que mirar el **comportamiento de la aplicación**. Si vas a ejecutar una base de datos como PostgreSQL o MySQL, la mejor opción suele ser EBS, porque estas bases necesitan acceso rápido, secuencial y exclusivo al disco. Si, en cambio, tienes una aplicación basada en contenedores que procesa archivos simultáneamente desde varios nodos, o un entorno de desarrollo colaborativo donde distintos servidores acceden al mismo código o recursos, EFS es claramente la opción más acertada.

Otro punto interesante es la **flexibilidad de acceso**. EBS sólo se puede montar en una instancia EC2 a la vez (salvo que uses modos de acceso especiales como EBS Multi-Attach en ciertos volúmenes y regiones), mientras que EFS puede compartirse sin complicaciones. Esto permite un diseño de arquitectura mucho más flexible para proyectos modernos, especialmente en entornos donde se trabaja con Kubernetes, procesamiento paralelo o tareas distribuidas.

EBS es como el disco interno de tu portátil: rápido, seguro y eficaz para tareas individuales, mientras que **EFS sería como una carpeta compartida en red: ideal para trabajo en equipo o aplicaciones que necesitan sincronización entre varios servidores**. No compiten entre sí, se complementan. De hecho, hay muchos casos en los que se usan juntos: EBS para el sistema principal de cada máquina y EFS como unidad compartida para documentos o recursos comunes.

> ## (i) Nota
>
> Conocer estas diferencias permite tomar decisiones más inteligentes desde el primer día y evita errores como montar un servidor con EFS esperando el mismo rendimiento que un SSD dedicado. Al final, se trata de entender para qué sirve cada herramienta y diseñar en función de las necesidades reales del proyecto, evitando sorpresas y optimizando tanto el rendimiento como los costes en la nube.

3.8 SOPORTE TÉCNICO

AWS ofrece varios niveles de soporte técnico, y cada uno está pensado para cubrir distintas necesidades. El primer escalón, y el más usado al principio, es el **soporte básico (Basic Support)**. Este nivel viene incluido de forma gratuita en cualquier cuenta de AWS y da acceso a documentación extensa, preguntas frecuentes, foros oficiales de la comunidad y la consola de administración. También incluye el acceso a algunos recursos automatizados como el **AWS Trusted Advisor**, que te hace recomendaciones básicas sobre seguridad, uso de recursos o buenas prácticas. No es un soporte con atención personalizada, pero para quienes están comenzando o hacen pruebas simples, puede ser más que suficiente.

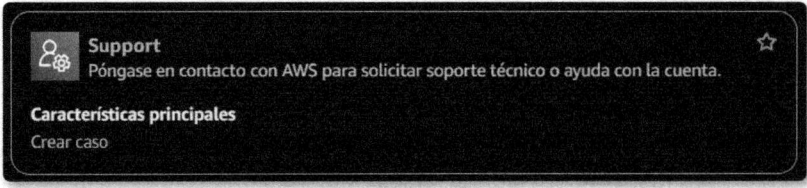

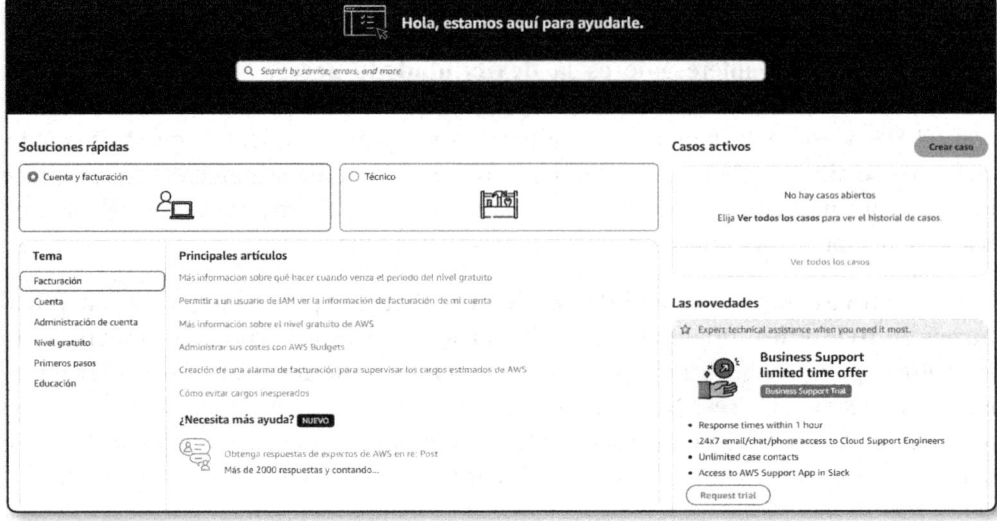

El panel de Soporte de AWS es un centro integrado que proporciona ayuda rápida y directa sobre dudas o problemas relacionados con tu cuenta y servicios AWS. Ofrece soluciones rápidas divididas en dos categorías: Cuenta y facturación, y Técnico, junto a artículos principales recomendados según el tema elegido. Además, permite crear y gestionar casos activos para recibir asistencia personalizada. También muestra novedades relevantes como promociones o acceso limitado al soporte especializado.

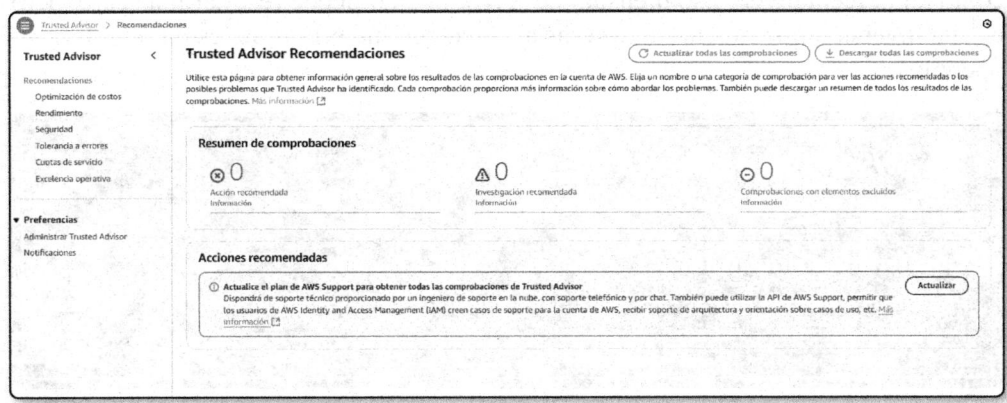

El panel de AWS Trusted Advisor ofrece recomendaciones automatizadas para mejorar y optimizar tu cuenta AWS en aspectos clave como costos, rendimiento, seguridad, tolerancia a errores y excelencia operativa. Este panel resume las comprobaciones clasificándolas claramente según su urgencia: acciones recomendadas (problemas críticos que deben solucionarse), investigaciones recomendadas (posibles mejoras o situaciones a evaluar), y comprobaciones con elementos excluidos (revisiones desactivadas o ignoradas). Además, sugiere actualizar el plan de soporte para acceder a todas las comprobaciones disponibles y obtener asistencia personalizada, garantizando así una gestión eficiente, segura y económica de los recursos en AWS.

El siguiente nivel es el **Developer Support**, ideal para equipos pequeños que ya tienen proyectos en marcha o que quieren evitar perder tiempo en cosas que podrían resolverse más rápido con una guía directa. Aquí ya se incluye acceso al **AWS Support Center**, donde puedes enviar tickets con tus dudas y recibir respuestas de expertos, aunque el tiempo de respuesta no es inmediato. También se activa una versión más completa de Trusted Advisor, con recomendaciones más amplias. Este nivel tiene un coste mensual accesible (empezando en unos 29 USD al mes), y es muy útil cuando el proyecto empieza a escalar o se requiere más tranquilidad para tomar decisiones técnicas.

Luego viene el **Business Support**, pensado para empresas que dependen de AWS para su operativa diaria. Aquí ya se empieza a notar un salto importante en los servicios: soporte 24/7 por correo, chat o teléfono, acceso a técnicos especializados, prioridad en los tickets y orientación sobre diseño de arquitecturas, rendimiento, seguridad y costes. Es decir, ya no te ayudan sólo cuando algo falla, también te orientan antes de implementar. Además, incluye el **AWS Personal Health Dashboard**, una herramienta que muestra alertas personalizadas sobre el estado de los servicios que estás usando, con información en tiempo real. Este nivel se cobra como un porcentaje del uso mensual de AWS, lo cual puede resultar más caro, pero es una inversión que muchas empresas asumen sin dudar porque les da tranquilidad operativa.

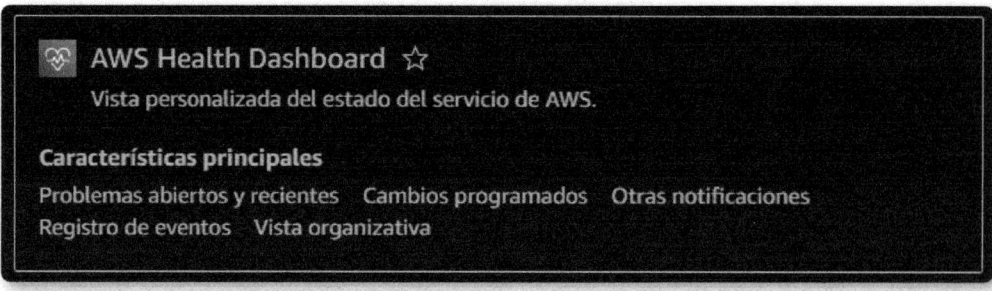

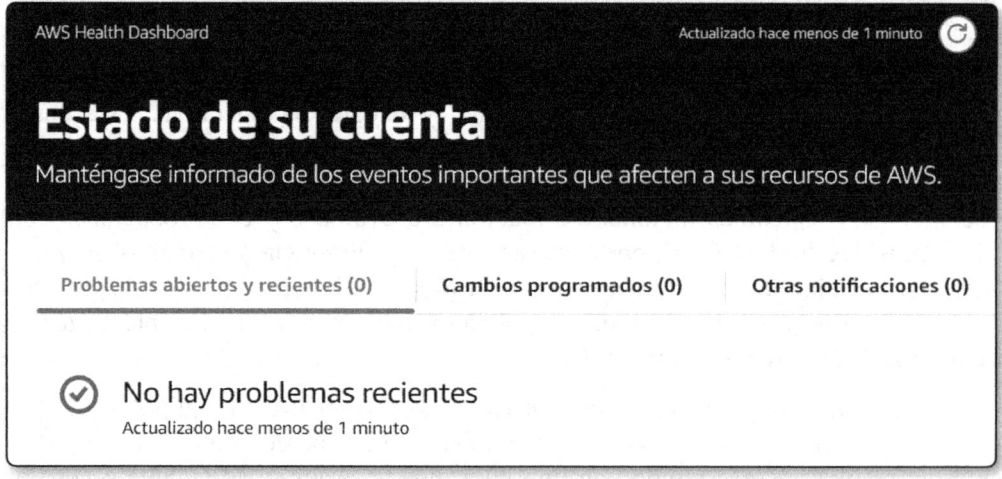

El último escalón es el **Enterprise Support**, reservado para grandes organizaciones o sistemas críticos que no pueden permitirse ni un minuto de caída o error. En este nivel tienes un **Technical Account Manager (TAM)** asignado, es decir, una persona que conoce tu infraestructura, tus necesidades y que te acompaña en todo el ciclo de vida del proyecto. Puedes agendar revisiones periódicas, diseñar planes de resiliencia, optimizar costes, planificar migraciones complejas y, en definitiva, trabajar con AWS como si fuera una extensión de tu equipo técnico. Este soporte es más caro y va ligado a contratos personalizados, pero es habitual en sectores como banca, sanidad, administración pública o empresas tecnológicas con millones de usuarios.

Ahora bien, el soporte técnico de AWS no se limita a tickets o llamadas. La plataforma ofrece una gran variedad de **recursos adicionales** que vale la pena tener en cuenta desde el primer día. Por ejemplo, la **documentación oficial**, disponible en español, es una fuente de conocimiento valiosísima. Está muy bien organizada por servicios y niveles de dificultad, e incluye ejemplos prácticos, guías paso a paso y tutoriales detallados. Además, AWS cuenta con **cursos gratuitos** a través de su plataforma **AWS Skill Builder**, que te permite formarte por tu cuenta en temas como cómputo, bases de datos, inteligencia artificial, DevOps, y muchos más. Es ideal para quienes quieren aprender de forma estructurada sin necesidad de apuntarse a un máster.

También hay webinars, laboratorios virtuales, certificaciones oficiales y programas como **AWS Educate** (para estudiantes y profesores) o **AWS re/Start**, pensado para personas que buscan entrar al sector tecnológico desde cero. Estos recursos convierten a AWS en una especie de ecosistema formativo, donde puedes aprender a la vez que experimentas en tu entorno real. Y si eres de los que prefieren aprender con ejemplos concretos, puedes usar **AWS Launch Wizard** o **AWS Solutions Library**, dos herramientas que te muestran cómo montar soluciones completas desde cero, con plantillas listas para usar.

Además, no hay que subestimar el valor de la **comunidad de usuarios de AWS**. Existen foros oficiales, canales en Discord, grupos de Meetup por ciudades, y una gran presencia en plataformas como GitHub, YouTube o Stack Overflow. A veces, una duda que tienes ya ha sido resuelta por alguien más y la respuesta está a solo una búsqueda de distancia. Esta comunidad es activa, generosa y muy valiosa, especialmente si estás en España, donde cada vez hay más desarrolladores, arquitectos y sysadmins compartiendo experiencias con AWS.

3.9 PRUEBA DE AUTOEVALUACIÓN DE LA UNIDAD

1. **¿Qué servicio de AWS permite lanzar servidores virtuales en la nube?**

   a) Amazon S3

   b) Amazon EC2

   c) AWS Lambda

2. **¿Cuál es el contenedor principal donde se almacenan archivos en Amazon S3?**

   a) Volumen

   b) Bucket

   c) Carpeta

3. **¿Qué tipo de instancia EC2 es más adecuado para tareas intensivas de cálculo?**

   a) T3.micro

   b) R5.large

   c) C5.large

4. **¿Qué servicio de AWS se utiliza para gestionar identidades y permisos?**

   a) CloudTrail

   b) IAM

   c) GuardDuty

5. ¿Cuál es el balanceador que permite enrutar tráfico según rutas o dominios?

a) Network Load Balancer

b) Application Load Balancer

c) Classic Load Balancer

6. ¿Qué clase de almacenamiento en S3 se recomienda para archivos poco utilizados?

a) S3 Standard

b) S3 Glacier

c) S3 Intelligent-Tiering

7. ¿Qué servicio de AWS permite compartir un sistema de archivos entre varias instancias EC2?

a) Amazon EBS

b) Amazon S3

c) Amazon EFS

8. ¿Cómo se llama la plantilla preconfigurada que contiene un sistema operativo y software para EC2?

a) AMI

b) VPC

c) ECS

9. ¿Qué tipo de soporte técnico ofrece AWS para empresas con atención 24/7 y asistencia por teléfono?

a) Developer Support

b) Business Support

c) Basic Support

10. ¿Qué servicio mejora la distribución global del contenido web alojado en S3?

a) CloudTrail

b) CloudWatch

c) CloudFront

1. **En S3, los archivos se almacenan dentro de contenedores llamados** _____.

2. **Las instancias EC2 pueden utilizar plantillas conocidas como** _____ **para definir el sistema operativo.**

3. **IAM es el servicio que gestiona** _____ **y control de acceso a los recursos de AWS.**

4. **Si se quiere compartir almacenamiento entre varias instancias, lo adecuado es usar** _____.

5. **Para mejorar la velocidad de carga web desde cualquier parte del mundo, se puede usar** _____ **junto a S3.**

Respuestas

Test:

- b) Amazon EC2
- b) Bucket
- c) C5.large
- b) IAM
- b) Application Load Balancer
- b) S3 Glacier
- c) Amazon EFS
- a) AMI
- b) Business Support
- c) CloudFront

Frases con huecos:

1. buckets
2. AMI
3. identidades
4. EFS
5. CloudFront

ADMINISTRACIÓN DE COSTES

Uno de los errores más habituales al trabajar con servicios en la nube es olvidarse del control económico. Por eso, este bloque está dedicado a aprender cómo se gestionan los costes en AWS de forma eficiente. Se explicará cómo funcionan las herramientas que ofrece la plataforma para hacer presupuestos, calcular gastos, recibir alertas, etiquetar recursos por proyecto o departamento y aprovechar los distintos tipos de instancias para ahorrar. También se verán conceptos como la facturación consolidada, los planes de ahorro y la relación entre estructuras de cuentas y precios. Es un contenido fundamental para cualquier empresa o persona que quiera usar la nube de manera responsable y sostenible. Aprender a prever y controlar el gasto es igual de importante que saber lanzar una instancia o configurar un balanceador de carga.

4.1 GESTIÓN DE COSTES EN AWS

Aprender a gestionar bien los costes es parte esencial del día a día en la nube. Y AWS lo sabe. Por eso ofrece varias herramientas integradas que te permiten entender, monitorizar y optimizar el gasto, sin necesidad de ser un experto en contabilidad ni de ir adivinando cuánto vas a pagar a final de mes.

Una de las herramientas estrella para tener visibilidad clara sobre lo que estás gastando es **AWS Cost Explorer**. Imagina un panel de mando lleno de gráficos e informes que te muestran, casi en tiempo real, cómo evoluciona tu consumo de servicios. Puedes ver cuánto estás gastando cada día, qué servicios están generando más coste, qué regiones acumulan más uso y cómo se comporta tu presupuesto a lo largo del tiempo. Y lo mejor es que es bastante visual, con filtros por servicio, por cuenta, por etiqueta... Lo puedes personalizar como quieras. Por ejemplo, si estás haciendo pruebas con instancias EC2 y quieres saber si se te está yendo de las manos, puedes filtrar por ese servicio y analizar la evolución. O si tienes varios entornos, como producción, pruebas y desarrollo, puedes usar etiquetas para ver cuánto cuesta cada uno y tomar decisiones al respecto.

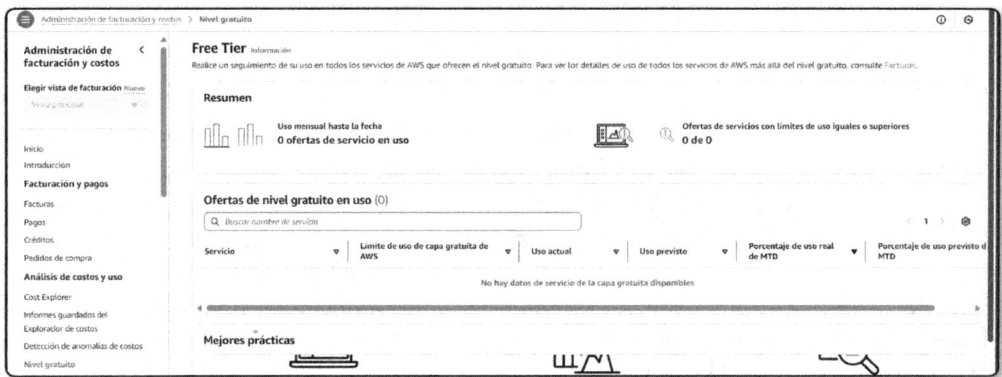

Seguimiento de servicios en el nivel gratuito

Además, Cost Explorer permite hacer proyecciones. Es decir, puedes ver una estimación de cuánto vas a gastar a final de mes si mantienes el mismo ritmo de uso. Esto te ayuda a prevenir sustos y a anticipar decisiones. Si ves que te estás acercando al límite de tu presupuesto, puedes optar por apagar servicios, revisar configuraciones o incluso cambiar el tipo de instancia o clase de almacenamiento por algo más eficiente.

Otra herramienta que se vuelve muy útil, sobre todo cuando ya tienes cierta actividad en tu cuenta, es **AWS Trusted Advisor**. Se trata de un asistente inteligente que revisa tu configuración y te hace recomendaciones para mejorar la seguridad, el rendimiento, la tolerancia a fallos y, claro, los costes. En el ámbito económico, Trusted Advisor te puede decir, por ejemplo, si tienes instancias EC2 infrautilizadas, es decir, encendidas pero sin hacer nada. También te puede sugerir que uses reservas si detecta que mantienes ciertas instancias encendidas las 24 horas del día, lo que podría salir más barato con planes de uso comprometido. Incluso te alerta si tienes volúmenes EBS huérfanos (sin estar conectados a ninguna instancia) o direcciones IP elásticas sin usar, que también generan gasto.

La gracia de Trusted Advisor es que no tienes que ir buscando los errores tú. Él los encuentra por ti y te los muestra en un panel con colores tipo semáforo: verde si todo está bien, amarillo si hay algo que revisar, y rojo si conviene actuar cuanto antes. En cuentas con soporte básico se ofrece un número limitado de verificaciones, pero al pasar a planes superiores se desbloquean muchas más opciones, lo que convierte a Trusted Advisor en un aliado permanente para tener la casa ordenada.

Además de estas dos herramientas principales, hay otra estrategia sencilla y muy efectiva: configurar **alertas de gasto**. Para eso, AWS ofrece un sistema de presupuestos (AWS Budgets) que te permite establecer límites mensuales y recibir avisos por correo electrónico cuando estás cerca de alcanzarlos. Es como poner un recordatorio automático que te dice "eh, cuidado, que ya llevas el 80 % de tu presupuesto". Puedes definir alertas por cantidad absoluta (por ejemplo, 20 euros) o por porcentaje del total estimado. Esta funcionalidad es especialmente útil en entornos educativos, de pruebas o cuando se está aprendiendo, porque permite ir con más confianza sabiendo que no habrá sorpresas desagradables a final de mes.

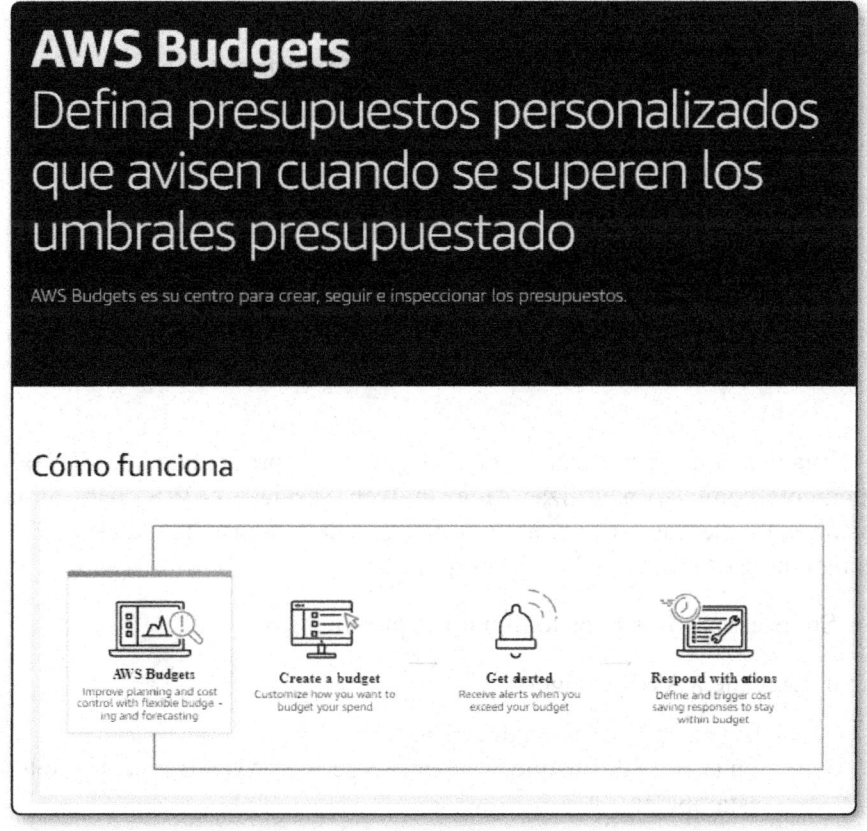

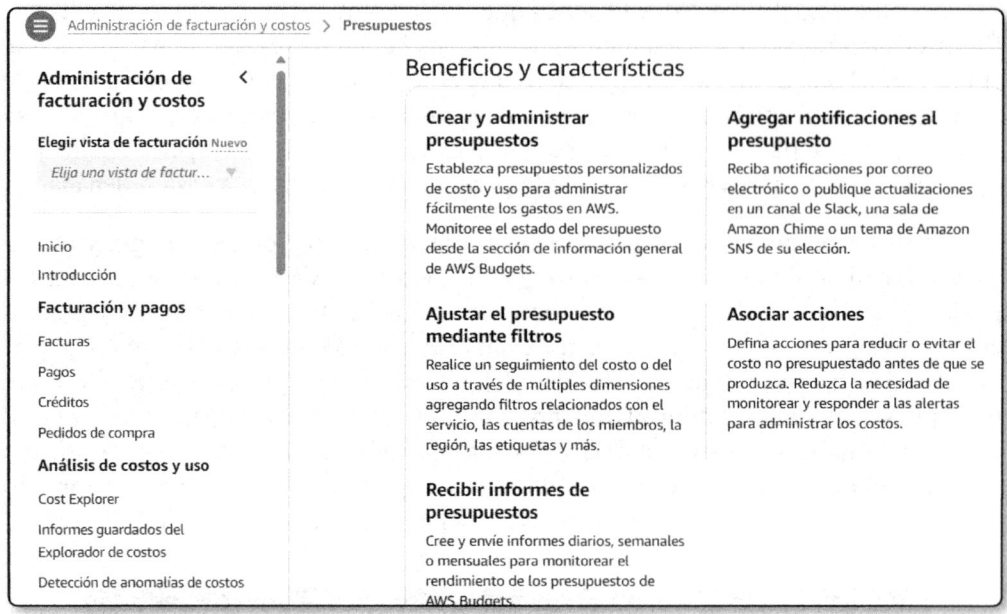

Beneficios y características de AWS Budgets

Ejemplo

Crear un presupuesto utilizando AWS Budgets

Imagina que administras una pequeña empresa llamada **Trixal**, que recientemente comenzó a utilizar Amazon Web Services (AWS) para alojar una aplicación web. Deseas tener bajo control los costos mensuales del servicio EC2, asegurando no gastar más de 150 euros al mes.

Sigue estos pasos para configurar el presupuesto:

1. Accede a AWS Budgets:

- Ingresa a tu consola de AWS.
- En la barra de búsqueda superior, escribe "AWS Budgets" y selecciona esta opción.

2. Crear un presupuesto nuevo:
   - Haz clic en "Crear un presupuesto".

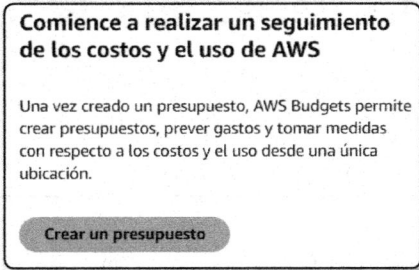

   - Selecciona el tipo de presupuesto. En este caso "Presupuesto de costos mensual":

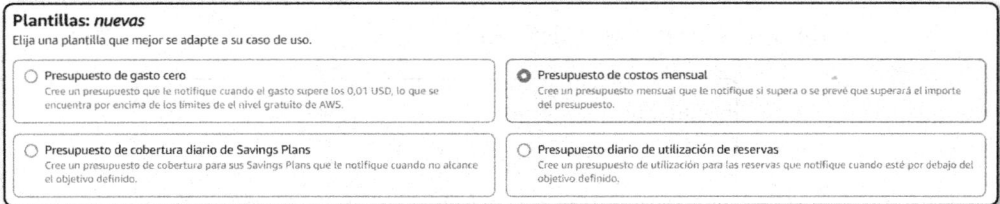

3. Configuración básica del presupuesto:
   - Dale un nombre descriptivo, por ejemplo, "Presupuesto EC2 - Trixal Marzo 2025".
   - Establece un método de renovación automático ("Renovar presupuesto automáticamente cada mes") para no tener que configurarlo constantemente.

4. Define el límite de gasto:
   - Introduce el importe límite mensual deseado.

Nombre de presupuesto
Proporcione un nombre descriptivo para este presupuesto.

> Presupuesto EC2 - Trixal Marzo 2025

Los nombres deben tener entre 1 y 100 caracteres.

Escriba el importe presupuestado ($)
Costo del último mes: 0,00 US$

> 150.00

Destinatarios de correo electrónico
Especifique los destinatarios de correo electrónico a los que desea notificar cuando se haya superado el umbral.

> ejemplo@hotmail.com

El número máximo de destinatarios de correo electrónico es 10.

- Haz clic en "Crear presupuesto".

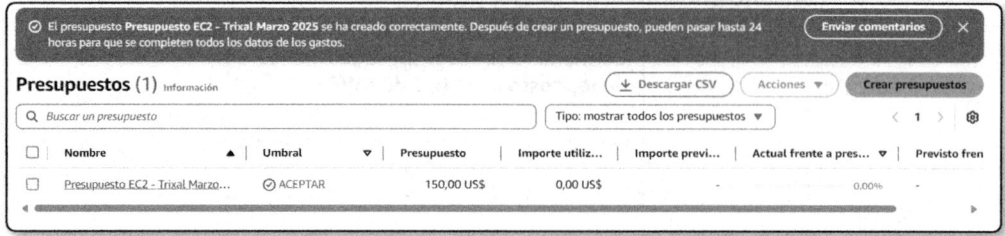

5. Configuración alertas:

Para mantenerte informado y actuar oportunamente, configura alertas automáticas:

- Revisa las alertas por defecto.

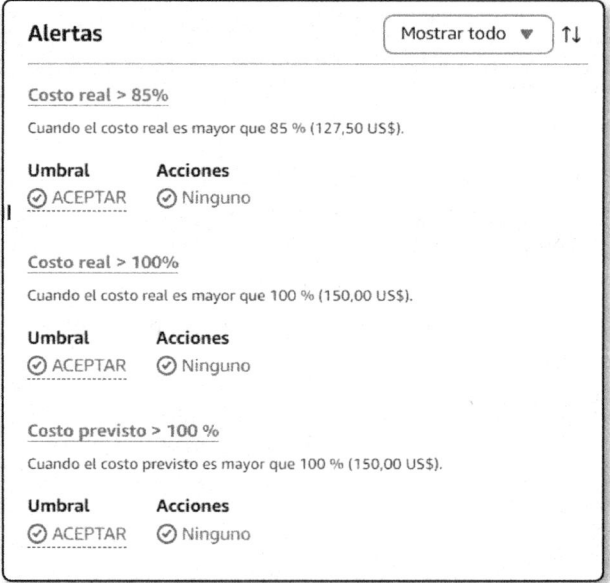

- Selecciona una de ellas haciendo clic en el nombre. Por ejemplo: Costo real >85% y haz clic en Editar Alerta.

- Crea una alerta al alcanzar el 50% del presupuesto:

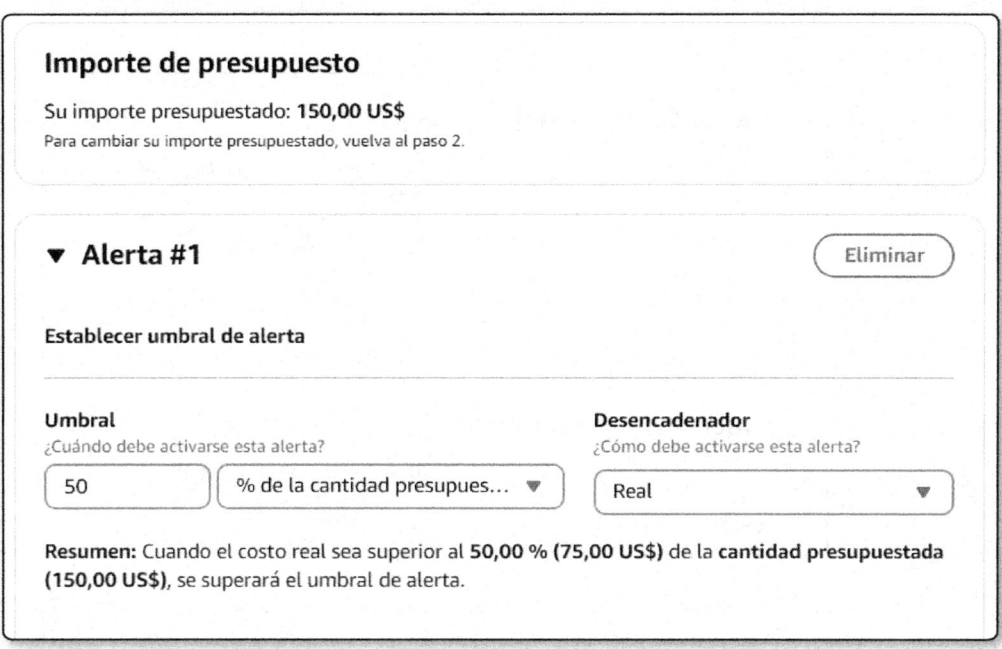

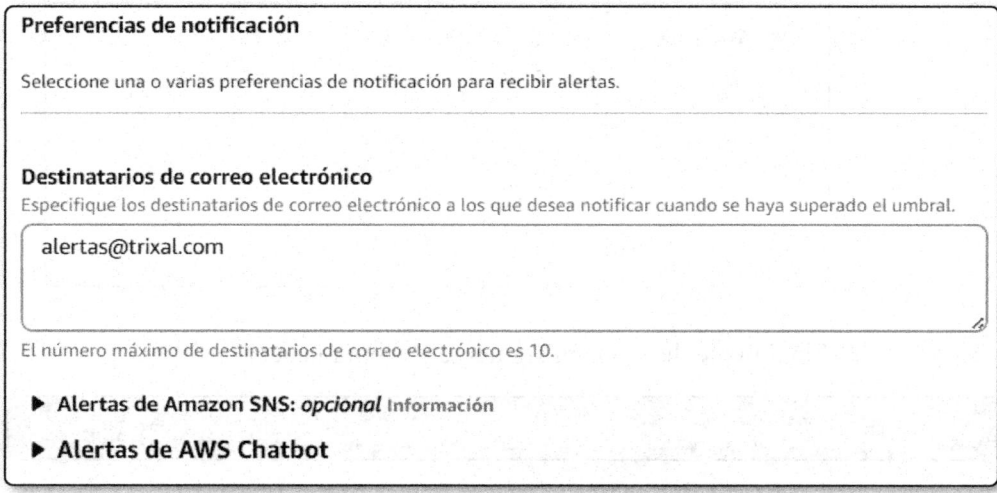

- Ingresa "50%" en el campo de umbral.
- Selecciona notificación por correo electrónico, colocando tu dirección corporativa, por ejemplo: alertas@trixal.com.

6. Revisión y creación del presupuesto:

- Confirma todos los datos en el resumen proporcionado por AWS Budgets.

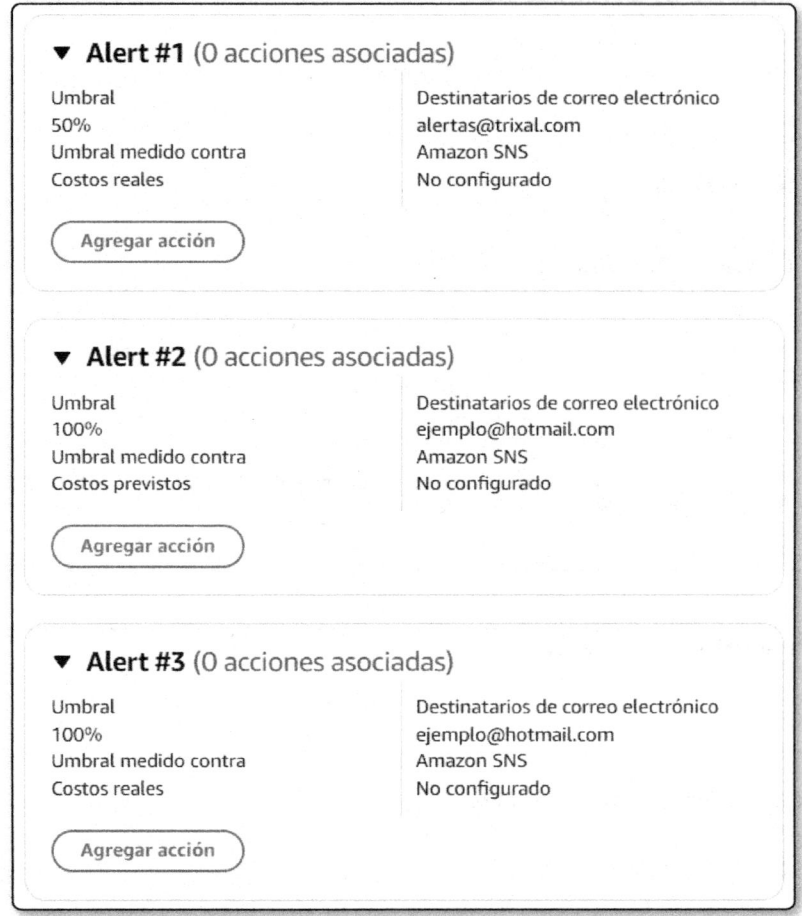

- Finalmente, haz clic en siguiente y acepta la acción.

✓ El presupuesto **Presupuesto EC2 - Trixal Marzo 2025** se ha actualizado correctamente.

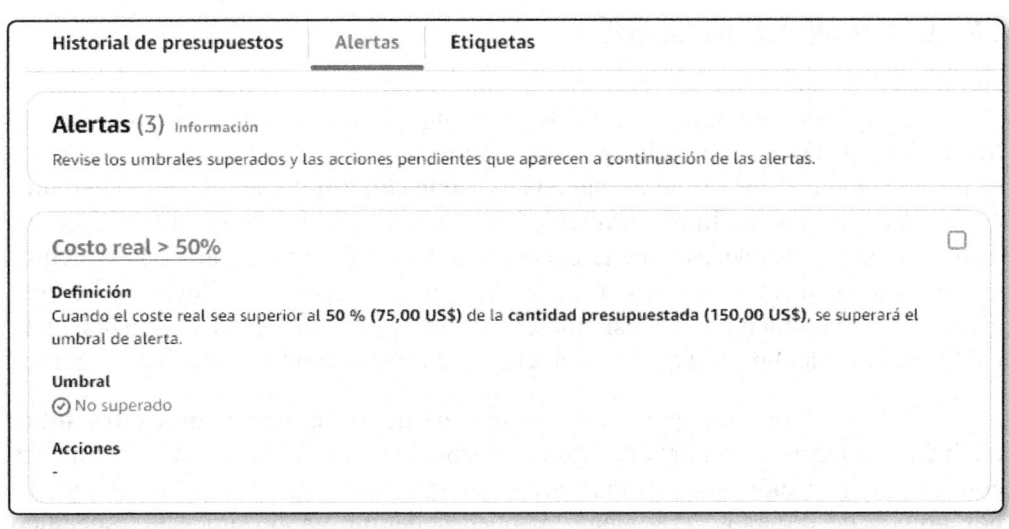

Una buena práctica es combinar estas herramientas con un sistema de etiquetado adecuado. Es decir, cuando creas recursos en AWS, puedes añadir etiquetas (por ejemplo, "proyecto=landingpage" o "ambiente=dev") que luego puedes usar para analizar costes en Cost Explorer. Esto se vuelve vital cuando se trabaja en equipo o en varios proyectos al mismo tiempo, porque permite saber exactamente qué parte del gasto corresponde a cada componente. Si lo haces bien desde el principio, te ahorras luego tener que revisar recurso por recurso para ver qué está generando ese pico en la factura.

AWS también permite automatizar ciertas decisiones a través de herramientas como AWS Lambda o EventBridge, para que, por ejemplo, si se alcanza cierto gasto, se detenga una instancia automáticamente o se desactive algún servicio temporal. Aunque esto ya requiere un poco más de conocimiento técnico, abre la puerta a una gestión aún más fina de los recursos y del presupuesto.

4.2 LOS PRESUPUESTOS EN AWS

Como ya sabemos, AWS Budgets es un sistema que te permite **establecer límites de gasto personalizados** y recibir notificaciones antes de que los superes. No se trata de bloquear los servicios, sino de **avisarte con antelación** para que tú tomes decisiones informadas. Imagina que defines un presupuesto mensual de 15 euros. Con Budgets puedes decirle que te avise cuando llegues al 50 %, al 75 % o incluso al 100 % del consumo previsto. Y esos avisos no son genéricos: llegan por correo electrónico (y también por SNS si quieres integrar notificaciones más avanzadas), lo cual te permite actuar rápidamente sin tener que estar mirando la consola cada día.

Lo interesante es que **los presupuestos no se limitan a una cifra total**, también se pueden crear por servicios concretos, por cuentas vinculadas (si trabajas con una organización que agrupa varias cuentas AWS), por etiquetas, o incluso por grupos de recursos. Por ejemplo, puedes definir un presupuesto específico para EC2, otro para S3, otro para RDS, y así detectar con precisión qué parte de tu infraestructura está generando más coste. Esto es especialmente útil cuando trabajas en proyectos con varios componentes o cuando compartes una cuenta con otras personas y necesitas saber quién está generando qué gasto.

Además de establecer límites de gasto, AWS Budgets permite crear **presupuestos basados en uso**, es decir, puedes definir umbrales no en euros o dólares, sino en unidades de consumo. Por ejemplo: "avísame si uso más de 600 horas de EC2 este mes" o "envía una alerta si supero los 5 GB de almacenamiento en S3". Este enfoque es muy potente porque muchas veces el coste está directamente ligado al uso, y tener esa métrica controlada ayuda a anticiparse a los picos antes de que impacten en la factura.

Uno de los puntos fuertes de esta herramienta es su **integración con otras partes del ecosistema de AWS**, como Cost Explorer y CloudWatch. Desde Cost Explorer puedes analizar el comportamiento de tus gastos y, a partir de ahí, crear un presupuesto que se adapte a lo que has observado. Esto es ideal cuando ya llevas un par de meses usando AWS y tienes una referencia clara de lo que sueles gastar. A su vez, con CloudWatch puedes conectar alarmas o eventos que reaccionen automáticamente si se superan ciertos umbrales, lo cual permite montar soluciones automatizadas más sofisticadas. Por ejemplo, si te acercas al presupuesto asignado para EC2, podrías configurar una acción que apague las instancias que no se están utilizando activamente.

Otra integración interesante es con **AWS Organizations**, que permite aplicar presupuestos a varias cuentas gestionadas desde un único punto. Esto facilita mucho la vida a administradores o empresas que manejan distintos entornos separados por cliente, proyecto o departamento. Puedes asignar límites por unidad de negocio y asegurarte de que cada una se mantenga dentro del marco acordado, con visibilidad centralizada y seguimiento continuo.

Además, AWS Budgets también te permite trabajar con presupuestos **recursivos o ajustados a objetivos**, como por ejemplo: "mantener el gasto por debajo del gasto promedio de los últimos tres meses" o "gastar un 10 % menos que el mes pasado". Este tipo de configuración es muy útil para quienes quieren mejorar su eficiencia progresivamente o experimentar sin salirse de ciertos márgenes.

Desde el punto de vista educativo, Budgets es una herramienta muy recomendable incluso en cuentas personales o de prueba. Muchos estudiantes o usuarios nuevos se lanzan a experimentar con EC2, Lambda, RDS o S3, y se olvidan de que algunos servicios pueden generar costes aunque estén en el free tier si no se usan con cuidado. Configurar un presupuesto mensual desde el primer día es una forma sencilla y práctica de aprender con tranquilidad, sabiendo que recibirás un aviso antes de pasarte del límite.

Recuerda

AWS Budgets es una forma de **tomar decisiones basadas en datos, con tiempo suficiente para reaccionar** y sin tener que ir revisando la consola cada día. Si se combina con buenas prácticas (como apagar instancias que no uses, etiquetar recursos correctamente y revisar el panel de facturación con frecuencia), se convierte en un pilar para trabajar con confianza en la nube, tanto en proyectos pequeños como en despliegues más complejos. Porque en la nube, igual que en la vida, lo importante no es solo lo que puedes hacer, sino cómo lo gestionas. Y tener un presupuesto claro es una forma muy eficaz de aprender, crecer y mantener el control sin sorpresas desagradables.

4.3 FACTURACIÓN Y PRECIOS

En lugar de pagar una licencia fija o una cuota mensual como en muchos programas de escritorio, en la nube de AWS se aplica un enfoque completamente diferente: **se factura según lo que usas, cuando lo usas y cómo lo usas**. Es un modelo mucho más flexible, pero también requiere cierto control para evitar sorpresas. Por eso, entender los distintos **modelos de facturación** es uno de esos pasos que conviene tener bien claros antes de meterse a fondo en un proyecto.

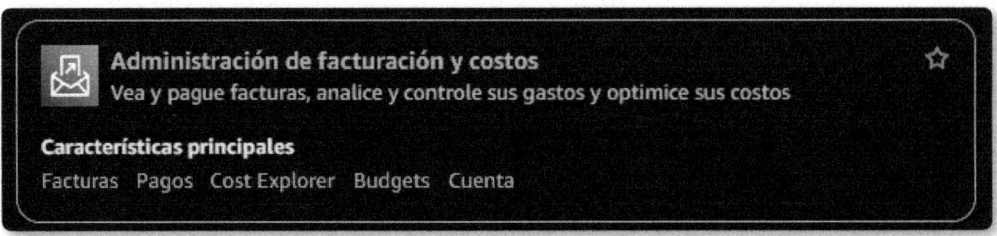

La base de todo en AWS es el **modelo de pago por uso**, también llamado *on-demand*. Aquí no hay compromisos de permanencia ni costes iniciales. Simplemente, enciendes un servicio, lo utilizas, y te cobran por el tiempo que estuvo activo o por los recursos que consumiste. Por ejemplo, si lanzas una instancia EC2 y la mantienes encendida durante tres horas, se te facturan esas tres horas, y listo. Lo mismo pasa con servicios de almacenamiento (como S3), bases de datos (como RDS) o funciones sin servidor (como Lambda). Es como si alquilaras una herramienta por horas: usas, pagas, apagas. Este modelo es perfecto para aprender, para hacer pruebas o para cargas de trabajo que son impredecibles o de corta duración.

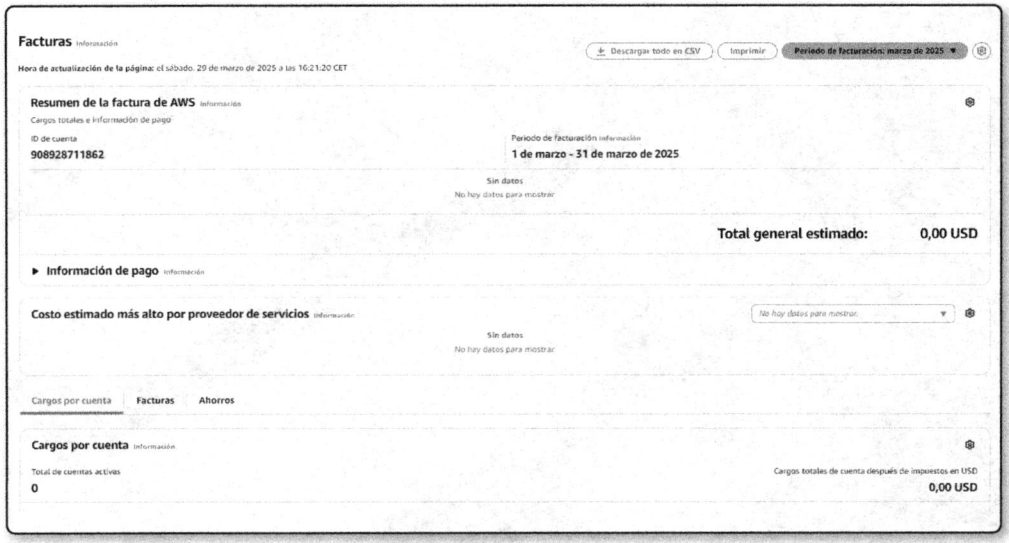

*El panel de Facturas de AWS proporciona un resumen claro del consumo y cargos generados en tu cuenta AWS durante un periodo específico. Muestra información esencial como el ID de cuenta, periodo de facturación y el total general estimado. También detalla información adicional sobre el costo por cada servicio utilizado (cuando exista), cargos específicos por cuenta y posibles ahorros. En este caso, al tratarse de una cuenta nueva o sin actividad reciente, todos los cargos aparecen con valor cero. Este panel es útil para llevar un control financiero preciso y verificar fácilmente el gasto mensual en AWS.

Ahora bien, cuando ya tienes más experiencia o sabes que vas a utilizar un recurso durante mucho tiempo, AWS ofrece un sistema interesante llamado **instancias reservadas**. En este caso, te comprometes a usar una determinada instancia durante un periodo fijo, que suele ser de 1 o 3 años, y a cambio obtienes un **descuento considerable sobre el precio on-demand**. Es como si firmaras un contrato de alquiler a largo plazo en lugar de pagar día a día. Este modelo es ideal para servidores que van a estar encendidos continuamente, como una base de datos empresarial o una aplicación interna que siempre debe estar disponible. La reserva puede hacerse con pago adelantado (más barato), parcial, o sin adelanto (algo más caro, pero más cómodo). Es una decisión que requiere planificación, pero a la larga permite ahorrar bastante dinero.

Luego está una opción especialmente atractiva para quienes tienen flexibilidad en sus cargas de trabajo: las **instancias spot**. Este modelo aprovecha los recursos no utilizados del centro de datos de AWS. Amazon subasta esas instancias sobrantes a precios muy bajos —a veces hasta un 90 % más baratas que las on-demand— y tú puedes pujar por ellas. El truco está en que son más inestables: AWS puede quitarte la instancia en cualquier momento si otra persona paga más o si el sistema necesita esos recursos. Por eso, son ideales para tareas que pueden interrumpirse sin problema, como renderizar vídeos, entrenar modelos de machine learning, hacer simulaciones científicas o lanzar procesos batch. Si tu aplicación tolera interrupciones o puedes retomarla fácilmente, las spot son una manera estupenda de ahorrar.

Además de estos tres modelos principales, AWS también ha ido incorporando mecanismos más sofisticados que mezclan flexibilidad y control. Por ejemplo, existe **Savings Plans**, una opción algo más moderna y flexible que las instancias reservadas. En vez de atarte a una instancia concreta, te comprometes a gastar una cierta cantidad de dinero por hora (por ejemplo, 5 USD/hora durante un año), y AWS te aplica descuentos automáticamente a cualquier instancia compatible que uses dentro de ese plan. Esto te da un ahorro similar al de las reservadas, pero con más margen para cambiar de tipo de instancia o de región si tus necesidades evolucionan.

Explorar Savings Plans

Otra ventaja del sistema de precios de AWS es que **la mayoría de servicios tienen niveles gratuitos y tarifas escalonadas**, lo que significa que pagarás menos por unidad a medida que consumes más. Esto aplica, por ejemplo, al almacenamiento en S3, al ancho de banda o al número de peticiones a servicios como API Gateway. También hay precios distintos según la región que elijas, lo cual tiene sentido, ya que los costes de operación para AWS no son iguales en Frankfurt, Virginia o Singapur. Por eso, antes de lanzar servicios, conviene revisar el **Pricing Calculator**, una herramienta online que te permite estimar con bastante precisión cuánto te costará todo según tu configuración.

Un detalle importante es que, al margen de estos modelos, **la facturación en AWS es diaria pero el cobro suele ser mensual**. Esto significa que puedes ver cómo sube (o baja) tu consumo en tiempo real desde la consola, lo cual da margen para tomar decisiones antes de llegar al final de mes. De hecho, AWS ofrece un panel de facturación muy visual donde puedes ver gráficos, desglose por servicio, comparativas por periodos y estimaciones para el cierre del mes en curso. Y si lo combinas con herramientas como AWS Budgets o Cost Explorer, puedes tener un sistema de control muy fino sin necesidad de invertir tiempo cada día en revisar la cuenta.

4.4 ESTRUCTURAS DE CUENTAS EN RELACIÓN CON LA FACTURACIÓN Y LOS PRECIOS DE AWS

AWS Organizations es una herramienta pensada para organizar, estructurar y controlar múltiples cuentas de AWS desde un solo punto. La idea básica es sencilla: permite agrupar varias cuentas bajo una organización principal, como si crearas una especie de árbol genealógico digital donde la cuenta raíz hace de "madre" y las demás son "hijas" o cuentas subordinadas. Esta estructura resulta muy útil cuando necesitas separar responsabilidades, aplicar políticas distintas o gestionar presupuestos de forma independiente, pero sin perder el control desde arriba.

Por ejemplo, supón que tienes un equipo de desarrollo que trabaja en su cuenta, un equipo de datos con otra cuenta, y un equipo de marketing que utiliza servicios de análisis. Cada uno puede tener acceso exclusivo a sus propios recursos, con permisos bien delimitados, sin interferencias con lo que hacen los demás. Pero desde la cuenta principal puedes ver todo el gasto, aplicar límites, compartir recursos comunes o establecer directrices de seguridad para todos. Así evitas líos y mejoras la organización.

Uno de los mayores beneficios de AWS Organizations está precisamente en el **control de facturación unificada**. En lugar de recibir una factura por cada cuenta individual, puedes consolidarlas todas en una sola factura maestra. Esto facilita muchísimo el seguimiento de gastos, la asignación de presupuestos y el control financiero del conjunto del proyecto o de la empresa. Además, al sumar el consumo de todas las cuentas, puedes aprovechar descuentos por volumen en muchos servicios (como almacenamiento, transferencia de datos o instancias reservadas), lo que ayuda a reducir el coste global.

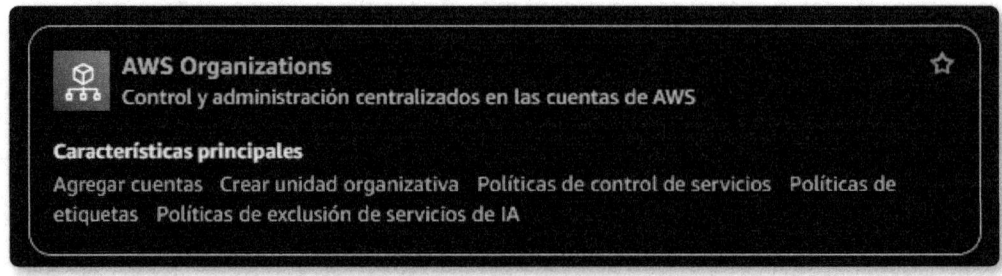

AWS Organizations
Control y administración centralizados en las cuentas de AWS

Características principales
Agregar cuentas Crear unidad organizativa Políticas de control de servicios Políticas de etiquetas Políticas de exclusión de servicios de IA

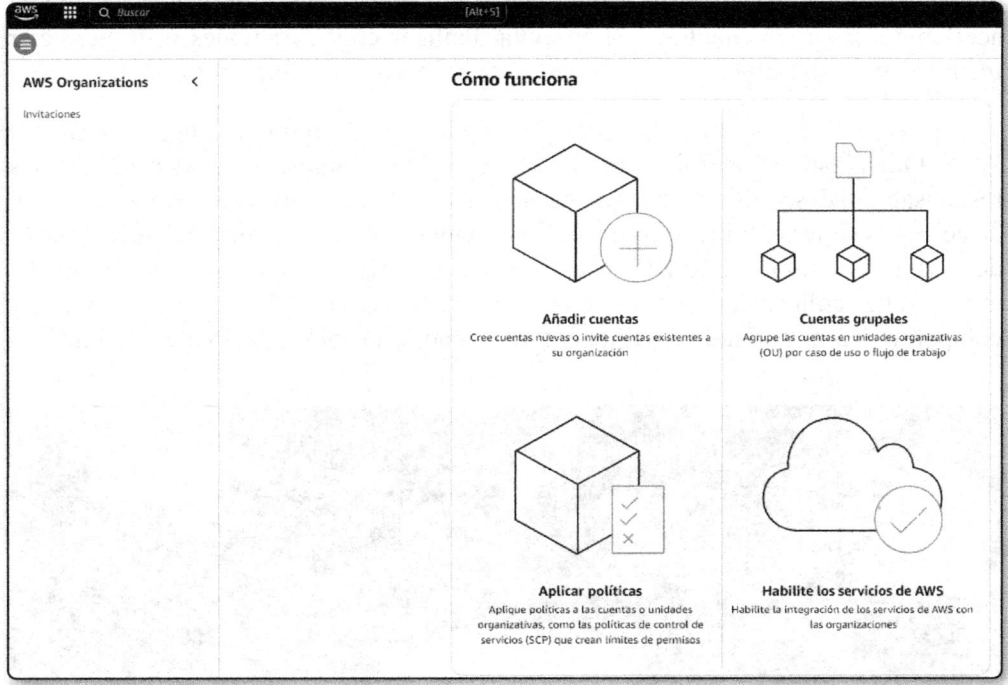

*El panel de AWS Organizations permite gestionar múltiples cuentas AWS desde un punto centralizado. Está estructurado en cuatro funciones principales: añadir cuentas, ya sea creando nuevas o invitando a existentes; organizar cuentas en grupos o unidades organizativas (OU) según su propósito o flujo de trabajo; aplicar políticas, estableciendo controles específicos y límites mediante políticas como las SCP (Service Control Policies); y habilitar servicios AWS, integrándolos de forma sencilla a través de toda la organización para facilitar una administración eficiente y segura.

Otro aspecto muy útil de esta herramienta es la posibilidad de aplicar **políticas de servicio (Service Control Policies, o SCPs)**. Estas políticas no reemplazan las de IAM, pero actúan como un filtro superior que limita lo que las cuentas hijas pueden hacer, incluso si dentro de la cuenta alguien tiene permisos elevados. Por ejemplo, puedes definir que ninguna cuenta de desarrollo pueda lanzar instancias en regiones fuera de Europa, o que las cuentas de pruebas no puedan crear bases de datos RDS. De esta forma, se añade una capa adicional de control que protege la organización frente a errores humanos o malas prácticas.

Además, Organizations te permite **compartir recursos entre cuentas** mediante servicios como AWS Resource Access Manager (RAM). Esto significa que puedes tener, por ejemplo, una única VPC compartida o un bucket S3 común accesible por varias cuentas. Así se evita duplicar configuraciones o desperdiciar recursos, y se centraliza mejor el acceso a la información compartida.

Desde el punto de vista de seguridad y cumplimiento normativo, AWS Organizations también aporta ventajas importantes. Al poder dividir las responsabilidades y aislar cargas de trabajo en cuentas distintas, se mejora el control de acceso, se limitan los riesgos de errores accidentales, y se facilita el cumplimiento de normativas como el **RGPD** o estándares del sector financiero o sanitario. Es más sencillo aplicar auditorías, activar logs, revisar el uso de servicios o detectar comportamientos anómalos si cada entorno tiene su propio espacio bien definido.

Además, AWS ha ido integrando Organizations con muchas otras herramientas de su ecosistema. Por ejemplo, puedes utilizarlo junto con AWS Budgets para asignar presupuestos por cuenta o unidad organizativa, con AWS Config para tener un registro detallado de cambios, o con AWS CloudTrail para monitorizar actividades en todas las cuentas desde un único punto. Esta integración permite automatizar alertas, generar informes y aplicar medidas correctivas de forma eficiente.

Un caso muy típico donde se aprecia el valor de Organizations es cuando una empresa quiere delegar la gestión técnica de cada equipo, pero mantener el control financiero y normativo desde un departamento central de TI. En este escenario, cada equipo puede trabajar con libertad dentro de su cuenta, pero todas las decisiones clave

—como dónde se almacenan los datos, qué regiones están permitidas o cuánto se puede gastar— se gestionan de forma centralizada, sin necesidad de microgestionar a cada grupo.

4.5 FACTURACIÓN CONSOLIDADA PARA ORGANIZACIONES

Cuando se trabaja con varios entornos en Amazon Web Services (AWS), como puede pasar en una empresa con distintos departamentos o incluso en proyectos educativos o colaborativos, llega un momento en el que tener una factura por cada cuenta se convierte en una pesadilla. Ya no es solo una cuestión de papeleo o seguimiento, sino de eficiencia y estrategia. Aquí entra en juego un concepto que vale oro cuando empiezas a escalar: **la facturación consolidada**.

AWS permite **centralizar toda la facturación de múltiples cuentas** dentro de una sola organización, utilizando la funcionalidad de **Consolidated Billing**, que forma parte de **AWS Organizations**. Esta opción está pensada para ayudarte a gestionar mejor los costes, tener una visión más clara del consumo global y, lo más interesante, **ahorrar dinero** de forma automática sin necesidad de hacer ningún truco especial.

La lógica es simple: creas una organización dentro de AWS y designas una cuenta maestra (también llamada cuenta de facturación). A esa cuenta puedes vincular otras cuentas independientes, que pasan a formar parte de la misma familia organizativa. Cada cuenta sigue funcionando por separado, con sus propios usuarios, servicios y permisos. Sin embargo, a efectos de facturación, todo se agrupa en un único resumen mensual. Desde la cuenta principal puedes ver cuánto está gastando cada cuenta individual, qué servicios están consumiendo y tomar decisiones informadas sobre presupuestos o límites.

El **beneficio más claro de la facturación consolidada** es el acceso automático a descuentos por volumen. Muchos servicios de AWS están diseñados con tramos de precios decrecientes: cuanto más usas, menos pagas por unidad. Por ejemplo, en Amazon S3, si entre todas tus cuentas almacenáis 10 TB, el sistema calculará el precio teniendo en cuenta ese total, y no por separado. Lo mismo pasa con EC2, con el tráfico de salida de datos y con otros servicios. Si sumas los consumos de todas las cuentas, el sistema detecta que estás utilizando más recursos, y aplica tarifas más bajas donde corresponda. Este ajuste ocurre de forma automática y sin necesidad de solicitarlo.

Además del ahorro, **la facturación consolidada simplifica muchísimo la gestión administrativa**. Imagina que tienes un proyecto en el que participan varias cuentas: una para producción, otra para desarrollo y una más para formación. En lugar de tener tres facturas separadas, con tres métodos de pago, tres accesos distintos y mucha más posibilidad de confusión, puedes tenerlo todo centralizado, con informes desglosados por cuenta, etiquetas personalizadas para cada servicio, y visibilidad completa desde un único panel. Esto no solo te ahorra tiempo en la revisión mensual, también permite detectar con más facilidad si hay cuentas que están generando un consumo inesperado o si algún servicio se quedó encendido por error.

Un punto importante es que, aunque la cuenta maestra sea la responsable del pago total, **cada cuenta miembro sigue siendo independiente**. Esto significa que los equipos de desarrollo, datos, seguridad o cualquier otro grupo pueden seguir trabajando sin interferencias, y con las políticas de acceso que definas para ellos. Lo único que cambia es cómo se agrupa el gasto al final del mes. Esta independencia operativa con control financiero centralizado es ideal para organizaciones que crecen o que manejan varios productos o líneas de trabajo.

Además, este sistema de facturación agrupada es gratuito. AWS no cobra por utilizar Organizations ni por consolidar facturas. Es un servicio pensado para facilitar el crecimiento estructurado de los proyectos y evitar errores de gestión, como perder el control del gasto o no aprovechar descuentos disponibles. También es una buena manera de preparar el terreno si en el futuro decides automatizar la gestión financiera con soluciones como **AWS Cost Anomaly Detection**, que detecta patrones inusuales en el gasto y te avisa antes de que sea tarde.

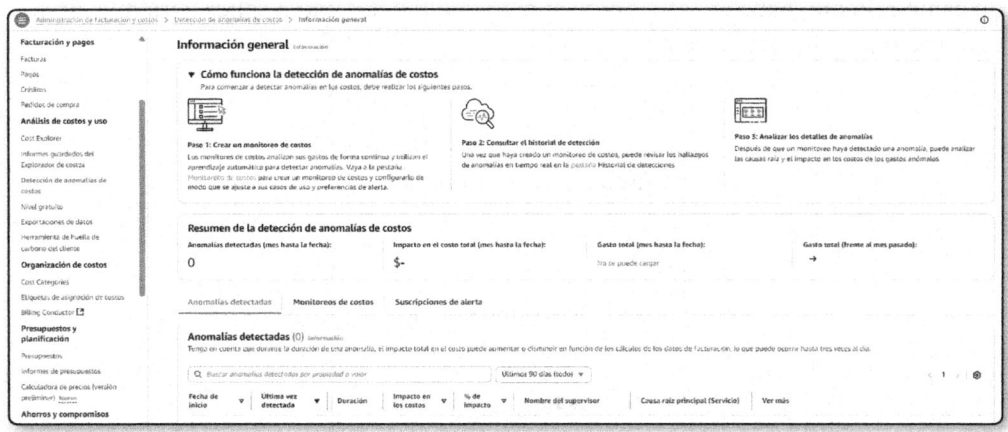

* El panel de AWS Cost Anomaly Detection presenta una visión general estructurada en tres pasos clave: creación de monitores de costos, revisión del historial de detecciones y análisis detallado de cualquier anomalía encontrada. Además, ofrece un resumen inmediato del impacto económico de dichas anomalías detectadas durante el mes actual, comparando el gasto total frente a meses anteriores, e identifica la causa raíz, facilitando así una gestión eficiente y preventiva del gasto en servicios AWS.

> ### ⓘ Nota
>
> **La facturación consolidada en AWS** es una herramienta clave para ganar claridad, ahorrar dinero y escalar con cabeza. Permite que cada equipo trabaje en su propio entorno sin perder de vista el conjunto, da a las organizaciones una manera sencilla de optimizar costes y reduce significativamente el tiempo que se invierte en tareas administrativas. Si estás pensando en escalar tu uso de la nube o simplemente en organizar mejor tus recursos, consolidar la facturación es una decisión inteligente que te puede ahorrar más de un susto y te da una base sólida para seguir creciendo.

4.6 ETIQUETADO DE RECURSOS

El etiquetado en AWS es un sistema que te permite asignar **pares clave-valor** a casi cualquier recurso que crees en la plataforma. Estas etiquetas (tags) no tienen efecto técnico en el funcionamiento de los servicios, pero sí te dan una **poderosa herramienta para la organización, el análisis de costes y el control administrativo**. Es como ponerle una etiqueta a cada cable en una sala de servidores:

no cambia lo que hace el cable, pero sí te ayuda muchísimo a saber para qué sirve y cómo se relaciona con el resto.

Explorar etiquetado

Las etiquetas funcionan de forma sencilla. Cada recurso (una instancia EC2, un bucket S3, una base de datos RDS, etc.) puede tener varias etiquetas, cada una compuesta por una clave (por ejemplo, "Proyecto") y un valor (por ejemplo, "TiendaOnline"). Algunas etiquetas habituales son "Entorno" (para diferenciar producción, desarrollo, testing), "Responsable" (para saber quién gestiona qué), "Departamento" (IT, marketing, contabilidad), o "Cliente" (si trabajas para varias empresas desde la misma cuenta). Tú defines las claves y valores que más sentido tengan en tu organización.

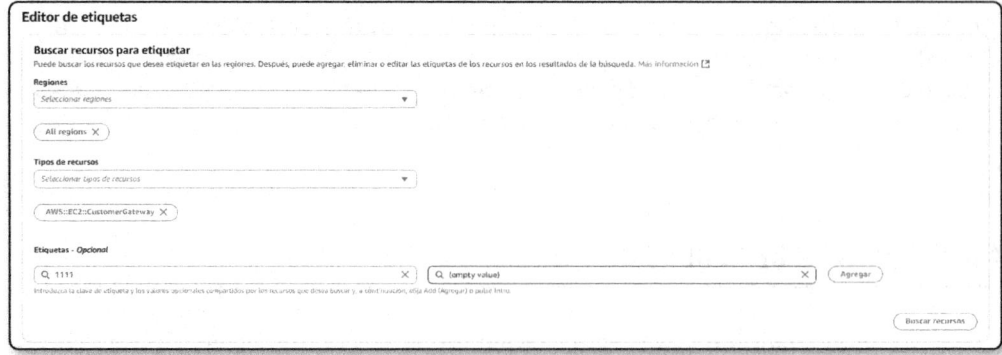

*El editor de etiquetas de AWS es una herramienta que permite organizar y administrar recursos en AWS mediante etiquetas personalizadas. Desde este panel, puedes buscar recursos específicos en diferentes regiones o en todas ellas

("All regions"), y filtrarlos por tipos concretos, como por ejemplo un recurso AWS::EC2::CustomerGateway. Las etiquetas se utilizan para asignar pares de clave-valor que ayudan a identificar, agrupar o gestionar recursos de manera eficiente. En este ejemplo, se está buscando una etiqueta específica ("1111") sin valor asociado (valor vacío), para encontrar recursos etiquetados con esa clave en particular. Esto facilita la administración, reporte y optimización de recursos según criterios personalizados.

¿Por qué esto es importante? Porque cuando llega el momento de revisar la factura mensual, **las etiquetas permiten saber exactamente a qué corresponde cada gasto**. Si has etiquetado bien los recursos desde el principio, puedes entrar a Cost Explorer, filtrar por proyecto, por responsable o por tipo de entorno, y ver quién está gastando más, qué servicio consume más recursos o qué parte del sistema se podría optimizar. Si no has etiquetado nada… lo único que ves es una larga lista de cargos genéricos, sin contexto. Es como si te llega una factura del supermercado y solo dijera "varios productos": poco puedes hacer para mejorar tu próxima compra.

Además del análisis de costes, las etiquetas también ayudan en la **gestión operativa**. Puedes crear políticas de acceso basadas en etiquetas, lo que significa que puedes permitir, por ejemplo, que un equipo gestione solo los recursos etiquetados como "proyecto=appMovil", mientras que otro equipo accede a "proyecto=webCorporativa". Esto mejora la seguridad y evita errores, como que alguien borre por accidente una base de datos de otro equipo. Las etiquetas también se pueden usar para **automatizar tareas**, por ejemplo, aplicando reglas que apaguen instancias etiquetadas como "entorno=pruebas" fuera del horario laboral, o que lancen backups diarios de todos los volúmenes con la etiqueta "backup=activo".

Una buena práctica es definir una **estrategia de etiquetado desde el primer día**, aunque el proyecto sea pequeño. No hace falta ser muy sofisticado al principio, pero tener una estructura clara y coherente facilita mucho el crecimiento. AWS incluso permite activar el seguimiento de costes por etiquetas, lo cual se hace desde la consola de billing. Hay que marcar manualmente qué etiquetas quieres usar para el desglose de costes, y a partir de ese momento, los informes de facturación incluirán esa información. Esto es muy útil para informes mensuales, análisis de tendencias, presupuestos por área y para justificar gastos ante terceros.

Ejemplo

Estrategia práctica de etiquetado en AWS

La empresa Trixal comienza un proyecto llamado "PlataformaStreaming". Desde el inicio, adopta una estrategia clara de etiquetado para facilitar el seguimiento, análisis y administración de recursos y costos.

Ejemplo de etiquetas definidas inicialmente:

Clave	Valor de ejemplo	Explicación y uso en Trixal
Proyecto	PlataformaStreaming	Identificar claramente recursos asociados al proyecto.
Entorno	Desarrollo, Testing, Producción	Diferenciar recursos según la etapa del desarrollo.
Departamento	IT, Marketing, Contabilidad	Asignar recursos claramente a un departamento.
Responsable	Beatriz Coronado, Elsa Rubio, Julio Santoro	Indicar quién es el encargado directo del recurso.
Cliente	Interno, Externo	Identificar si el uso es para clientes internos o externos.
CentroCoste	VideoStreaming	Para facilitar desglose y análisis presupuestario.

▼ Instancia EC2 (servidor web en producción):

- Proyecto: PlataformaStreaming
- Entorno: producción
- Departamento: IT
- Responsable: Elsa Rubio
- Cliente: externo
- CentroCoste: VideoStreaming

▶ Bucket S3 (almacenamiento de vídeos en fase de desarrollo):

- Proyecto: PlataformaStreaming
- Entorno: desarrollo
- Departamento: IT
- Responsable: Beatriz Coronado
- Cliente: interno
- CentroCoste: VideoStreaming

▶ Base de datos RDS (para análisis financiero interno):

- Proyecto: PlataformaStreaming
- Entorno: testing
- Departamento: contabilidad
- Responsable: Julio Santoro
- Cliente: interno
- CentroCoste: VideoStreaming

Proceso práctico en AWS Billing:

1. Desde la consola, accede a Facturación → Asignación de costos.

2. Marca las etiquetas Proyecto, Departamento y CentroCoste para activar el seguimiento de costes.

3. Guarda y espera 24 horas para que los informes comiencen a registrar el desglose.

Resultado esperado con esta estrategia:

▶ Informes mensuales claros, por ejemplo:

- Cuánto se gastó en PlataformaStreaming.

- Gastos detallados según el responsable del recurso (Elsa Rubio, Beatriz Coronado, Julio Santoro).

- Seguimiento claro del presupuesto por departamento y entorno (producción, desarrollo, etc.).

▶ Capacidad para justificar claramente los costos ante clientes externos o internos, y tomar decisiones informadas sobre el crecimiento del proyecto desde sus etapas iniciales.

Por supuesto, el etiquetado también es muy útil si trabajas en un entorno multiusuario, con varias cuentas o múltiples servicios gestionados por diferentes personas. Sin etiquetas, todo termina pareciendo un batiburrillo incontrolable. Con etiquetas, puedes navegar por la consola y saber de un vistazo qué recurso es de quién, para qué sirve y si está justificado su uso. Además, servicios como AWS Config o Resource Groups te permiten hacer búsquedas, auditorías o agrupaciones basadas en etiquetas, lo que ahorra mucho tiempo.

Panel de Resource Groups

Otro aspecto importante es que **las etiquetas también ayudan a cumplir normativas o requisitos internos de gobernanza**. Por ejemplo, puedes establecer como obligatorio que todo recurso tenga etiquetas de tipo "cliente" y "entorno". Incluso puedes usar herramientas como AWS Service Catalog para restringir la creación de recursos a plantillas que ya vienen etiquetadas correctamente. Esto evita que cada persona cree instancias a su manera, sin control ni trazabilidad.

4.7 RECURSOS DISPONIBLES PARA SOPORTE DE FACTURACIÓN

AWS sabe que la facturación puede ser uno de los puntos más sensibles para quienes se inician en la nube —o incluso para quienes ya llevan tiempo—, por eso ha construido una serie de recursos y herramientas específicamente pensadas para ayudarte a entender, gestionar y resolver cualquier duda relacionada con los costes y la facturación.

Como sabemos, AWS ofrece un sistema de **soporte técnico con varios niveles**, y dentro de ellos, hay asistencia específica para temas de facturación. A diferencia de los problemas técnicos donde necesitas el plan de soporte Developer, Business o Enterprise para tener una respuesta rápida, **las consultas de facturación y pagos están cubiertas en todos los niveles, incluso en el soporte gratuito (Basic Support)**. Es decir, si un día ves que algo no cuadra en tu factura o tienes dudas sobre un cargo, puedes abrir un ticket directamente desde el AWS Support Center, seleccionar la categoría "Facturación y cuenta" y recibirás asistencia sin coste adicional. Normalmente responden rápido y, si es necesario, te llaman para explicarte el problema.

Además del soporte directo, **AWS cuenta con una documentación oficial muy extensa y actualizada**, disponible en español, donde se explica todo lo relacionado con precios, ciclos de facturación, políticas de cargos y límites de servicio. Esta documentación es fácil de buscar desde la consola o desde Google, y suele estar bien estructurada por temas: desde cómo se calculan los cargos por almacenamiento en S3, hasta cómo interpretar los informes de facturación detallada. Hay secciones específicas para resolver errores comunes, como "¿por qué me han cobrado si estoy usando la capa gratuita?" o "¿cómo configuro una alerta de presupuesto?". Vale la pena dedicar un rato a explorar esta parte, porque muchas veces una lectura rápida te ahorra abrir un ticket o perder tiempo buscando en foros.

Hablando de foros, **la comunidad de AWS es una fuente de información muy valiosa**. El foro oficial de Amazon Web Services, accesible desde la consola o desde aws.amazon.com/forums, tiene miles de preguntas y respuestas clasificadas por servicios y categorías, incluyendo una sección exclusiva para facturación. Aquí puedes leer dudas que otros usuarios han tenido —que probablemente coincidan con las tuyas— y encontrar respuestas de moderadores oficiales o de otros miembros de la comunidad. También puedes participar activamente, dejando tu consulta y esperando respuesta. No es soporte garantizado, pero muchas veces los usuarios más veteranos ofrecen soluciones detalladas, incluso con ejemplos y capturas de pantalla. Este espacio es muy útil, sobre todo cuando lo combinas con tu propio historial de consumo.

Comunidad de AWS

Eventos para desarrolladores

Aparte de los foros, existe **una amplia oferta de webinars, vídeos explicativos y cursos gratuitos** sobre gestión de costes en AWS. Muchos de ellos están disponibles en YouTube o en la plataforma AWS Skill Builder. Algunos son introductorios —pensados para quienes se enfrentan por primera vez a la consola de facturación—, y otros abordan temas más avanzados, como optimización de costes en arquitecturas serverless, estrategias de ahorro a largo plazo o automatización del análisis financiero en la nube. Estos contenidos están pensados para distintos perfiles, desde desarrolladores individuales hasta responsables financieros en empresas.

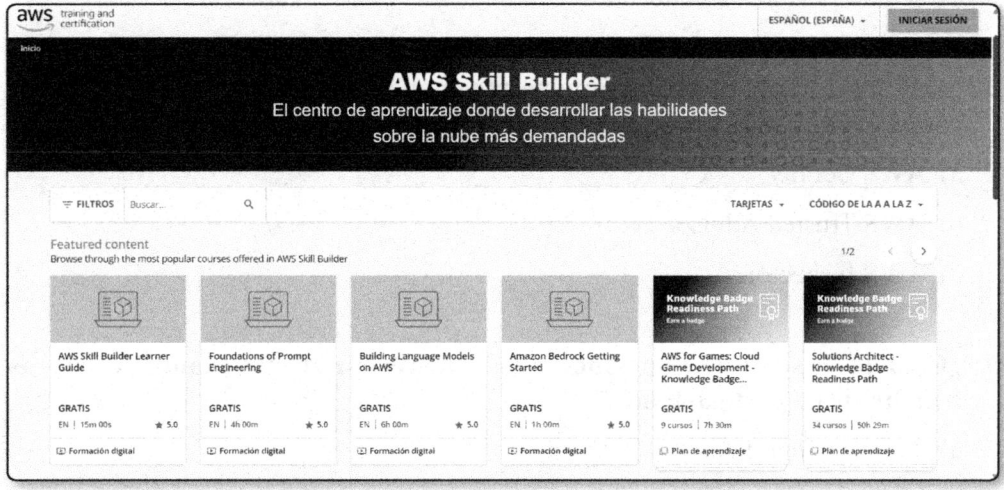

AWS Skill Builder "https://explore.skillbuilder.aws/learn"

Otro recurso poco conocido pero muy útil es **el AWS Knowledge Center**, una especie de base de conocimientos donde se recopilan las preguntas frecuentes más habituales, organizadas por temas. Aquí puedes encontrar explicaciones paso a paso sobre cómo cambiar tu método de pago, cómo configurar la facturación consolidada entre varias cuentas, cómo revisar el historial de consumo o cómo activar etiquetas de costes. Es como una versión simplificada y directa de la documentación técnica, pensada para consultas concretas y rápidas.

También es recomendable activar **el informe de uso detallado (Detailed Billing Report)** si tu cuenta ya empieza a tener movimiento. Este informe te permite descargar un archivo en CSV donde aparece cada línea de facturación por servicio, región, tipo de instancia, duración, etc. Si además tienes etiquetas activadas, puedes ver exactamente cuánto ha gastado cada proyecto o equipo. Estos informes se pueden integrar fácilmente con Excel o Google Sheets para hacer tus propios análisis, o incluso automatizar reportes mensuales si gestionas un entorno más grande.

4.8 PRUEBA DE AUTOEVALUACIÓN DE LA UNIDAD

1. **¿Qué herramienta permite visualizar en forma de gráficos y tablas la evolución de los costes en AWS?**

   a) AWS Budgets

   b) AWS Cost Explorer

   c) AWS Pricing Calculator

2. **¿Qué servicio de AWS proporciona recomendaciones sobre optimización de costes, seguridad y rendimiento?**

   a) AWS Config

   b) AWS Trusted Advisor

   c) AWS Inspector

3. **¿Cuál de las siguientes opciones te permite recibir alertas cuando te acercas a un límite de gasto definido?**

   a) Amazon GuardDuty

   b) AWS Billing Center

   c) AWS Budgets

4. **¿Qué modelo de precios te cobra exactamente por el uso real del servicio, sin compromiso previo?**

   a) Instancias reservadas

   b) On-demand

   c) Instancias spot

5. **¿Qué opción de AWS te permite pujar por instancias no utilizadas a precios reducidos?**

   a) Instancias spot

   b) Instancias de propósito general

   c) Instancias elásticas

6. ¿Qué permite AWS Organizations respecto a la facturación?

a) Crear facturas en formato personalizado

b) Consolidar facturación de varias cuentas

c) Automatizar cobros por transferencia

7. ¿Cómo se llama la herramienta que permite establecer presupuestos específicos por servicio, cuenta o etiqueta?

a) AWS Billing Dashboard

b) AWS Cost Analyzer

c) AWS Budgets

8. ¿Cuál es la utilidad principal del etiquetado de recursos en AWS?

a) Mejorar el rendimiento de las instancias

b) Organizar, controlar costes y aplicar políticas

c) Hacer que los recursos se repliquen automáticamente

9. ¿Qué tipo de soporte está disponible gratuitamente para todos los usuarios en consultas sobre facturación?

a) Enterprise Support

b) Developer Support

c) Basic Support

10.¿Cuál de las siguientes herramientas de AWS te permite crear informes detallados de uso y coste por CSV?

a) AWS Billing Explorer

b) Detailed Billing Report

c) AWS Metrics Exporter

1. **AWS _____ permite asignar límites de gasto y recibir alertas antes de superarlos.**

2. **El modelo _____ de facturación cobra por cada segundo o minuto de uso de los recursos.**

3. **AWS Organizations permite consolidar la _____ de varias cuentas en una sola.**

4. **Las _____ en AWS se componen de pares clave-valor para identificar recursos.**

5. **AWS _____ analiza tu cuenta y te sugiere mejoras en rendimiento, seguridad y costes.**

Respuestas

Test:

- b) AWS Cost Explorer
- b) AWS Trusted Advisor
- c) AWS Budgets
- b) On-demand
- a) Instancias spot
- b) Consolidar facturación de varias cuentas
- c) AWS Budgets
- b) Organizar, controlar costes y aplicar políticas
- c) Basic Support
- b) Detailed Billing Report

Frases:

1. Budgets
2. on-demand
3. facturación
4. etiquetas
5. Trusted Advisor

5

APROXIMACIÓN A LA SEGURIDAD EN LA NUBE

La seguridad no es una opción: es una parte imprescindible de cualquier proyecto digital. En este bloque se presentarán los fundamentos de la seguridad en internet y cómo estos principios se adaptan al entorno cloud. Se hablará de cifrado, gestión de identidades, control de accesos y detección de amenazas, pero también del marco legal que afecta a los servicios en la nube, especialmente en España. El alumnado conocerá herramientas específicas de AWS como GuardDuty, CloudTrail, Shield o WAF, y entenderá en qué consiste el modelo de responsabilidad compartida entre proveedor y cliente. Además, se abordarán los requisitos normativos como el Reglamento eIDAS, la LOPDGDD o el Esquema Nacional de Seguridad. Este bloque no está pensado para expertos en ciberseguridad, sino para cualquier persona que necesite proteger sus datos y los de sus usuarios con criterio y sentido común.

5.1 LOS ORÍGENES DE LA SEGURIDAD EN INTERNET

Cuando uno piensa en Internet hoy en día, lo visualiza como una red inmensa, casi infinita, en la que se mueve información de todo tipo: correos electrónicos, vídeos, datos bancarios, archivos confidenciales, memes… Pero lo que muchas personas no saben es que **la seguridad no formaba parte del diseño original** de Internet. Es más, en sus inicios, esta red de redes se creó con fines totalmente distintos y en un contexto donde la privacidad, el cifrado o la protección de datos eran ideas muy lejanas a las prioridades del momento.

1969 - ARPANET

Primera red entre universidades y militares. Seguridad no era prioridad.

70s-80s - Protocolos TCP/IP

Comunicación fiable sin cifrado ni autenticación. Correos en texto claro.

90s - Internet abierta

Popularización masiva. Virus, accesos no autorizados. Antivirus y firewalls.

1994-1995 - SSL y HTTPS

Netscape lanza SSL para cifrado web. Nace HTTPS para navegación segura.

2000s - TLS reemplaza SSL

TLS mejora cifrado, autenticidad e integridad. TLS 1.2 y 1.3 como estándar.

2000-2010 - Comercio electrónico

Seguridad clave: autenticación multifactor, cifrado extremo a extremo.

2016 - Let's Encrypt

Certificados gratuitos, HTTPS accesible para todos.

Actualidad - Seguridad integral

RGPD, ISO 27001. Seguridad es fundamental en cualquier sistema digital.

Todo arranca en plena **Guerra Fría**, cuando Estados Unidos, preocupado por mantener sus comunicaciones en caso de un ataque nuclear, impulsó un proyecto llamado **ARPANET** a través del Departamento de Defensa. ARPANET, considerado el antepasado directo de Internet, se ideó para que los ordenadores de diferentes universidades y centros de investigación pudieran conectarse entre sí. En aquel entonces, la seguridad no era un problema: todos los usuarios eran investigadores de confianza y el entorno era cerrado. La preocupación estaba en que los sistemas funcionasen, no en protegerlos de intrusos. Nadie se imaginaba aún que décadas más tarde cualquier persona podría conectarse desde el móvil a una red global con miles de millones de usuarios.

Durante los años 70 y 80, los protocolos que se fueron creando (como **TCP/IP**) priorizaban el envío y la recepción de datos de forma fiable, pero sin tener en cuenta aspectos como el cifrado, la autenticación o el control de acceso. El correo electrónico, por ejemplo, se enviaba "en claro", como si fuera una postal. Cualquiera que interceptase el mensaje en la red podía leerlo sin problema. Y lo mismo ocurría con muchos otros servicios. Este enfoque era comprensible para la época, donde la comunidad técnica era reducida y la informática se movía en entornos académicos o militares.

El concepto de seguridad comenzó a adquirir protagonismo cuando el acceso a las redes empezó a abrirse a personas fuera de esos círculos cerrados. Con la llegada de los **ordenadores personales** y la aparición de los primeros **proveedores de servicios de Internet** (ISP) en los años 90, el panorama cambió por completo. De repente, Internet ya no era una herramienta para científicos, sino una plataforma donde cualquier usuario podía conectarse, enviar mensajes, crear páginas web o hacer negocios. Este crecimiento explosivo trajo consigo nuevas amenazas: virus, intrusos, accesos no autorizados y robos de información.

Fue entonces cuando comenzaron a desarrollarse herramientas básicas de defensa: **contraseñas más robustas, antivirus, firewalls** o **sistemas de detección de intrusos**. Aparecieron los primeros navegadores web y, con ellos, la necesidad de proteger las comunicaciones entre cliente y servidor. De ahí surgió **HTTPS**, que añade una capa de cifrado mediante SSL/TLS para que los datos no se transmitan en texto plano. Aunque hoy parezca básico, este avance fue todo un hito que marcó un antes y un después en la navegación segura.

Con el cambio de milenio y el auge del comercio electrónico, la banca online y las redes sociales, **la seguridad en Internet se convirtió en una preocupación constante**. Los gobiernos comenzaron a legislar sobre el tema y las empresas empezaron a invertir en tecnologías como **cifrado de extremo a extremo**, **autenticación multifactor**, **gestión de identidades** y **protocolos seguros de comunicación**. Aparecieron certificaciones como **ISO 27001**, leyes como el **RGPD en Europa** y organismos que promovían buenas prácticas en ciberseguridad.

Hoy la seguridad no es un accesorio, sino una parte central del diseño de cualquier aplicación, página web o sistema. Aun así, **Internet sigue teniendo una base construida sobre protocolos de otra época**, lo que obliga a implementar capas adicionales de protección para cubrir esos huecos. Muchas vulnerabilidades actuales no surgen de malas intenciones, sino de decisiones técnicas tomadas en una época en la que nadie podía imaginar la escala que alcanzaría esta red.

La historia de la seguridad en Internet es, en el fondo, una carrera constante entre quienes buscan proteger y quienes intentan aprovecharse de las debilidades del sistema. Entender ese origen nos permite ver por qué la ciberseguridad actual es tan compleja y por qué se siguen descubriendo fallos en sistemas que llevan años en funcionamiento. También nos ayuda a valorar las soluciones actuales, que a veces parecen excesivas o molestas, como el doble factor de autenticación o los protocolos estrictos de acceso, pero que son el resultado de décadas de aprendizaje, ataques, mejoras y evolución.

Si seguimos el hilo de la historia, hay un momento muy concreto en el que el cifrado empezó a dejar de ser una herramienta reservada a contextos militares o gubernamentales para convertirse en algo cotidiano, aunque invisible, en la vida digital de millones de personas. Hablamos del **uso del cifrado en las comunicaciones por**

Internet, una práctica que hoy es indispensable, especialmente gracias a tecnologías como **HTTPS** y los protocolos **TLS (Transport Layer Security)**.

En sus inicios, como comentábamos, el tráfico de datos en Internet viajaba completamente en claro. Eso quiere decir que si alguien se colocaba entre el emisor y el receptor, podía leerlo todo: nombres de usuario, contraseñas, correos electrónicos, formularios... Incluso en redes wifi domésticas sin cifrar, cualquiera medianamente curioso podía interceptar esa información. Esto no era solo una posibilidad teórica: pasaba, y mucho.

El primer intento serio por poner orden y proteger los datos fue **SSL (Secure Sockets Layer)**, un protocolo creado por Netscape a mediados de los 90. SSL permitía cifrar la conexión entre un navegador y un servidor, de forma que todo lo que se intercambiaba entre ambos quedaba codificado. Es decir, si alguien interceptaba los datos, lo único que vería sería un montón de caracteres sin sentido. Esta fue la base sobre la que se construyó **HTTPS**, que no es más que el protocolo HTTP de siempre, pero protegido con SSL o su sucesor, TLS.

Cuando accedes a una página que comienza por https://, estás entrando en un sitio que protege la comunicación mediante un **certificado digital**. Este certificado confirma que el sitio web es legítimo y que la información que intercambias con él está cifrada. Gracias a este sistema, puedes meter tus datos bancarios, tu contraseña o tu número de teléfono en un formulario sin miedo a que alguien los robe por el camino. La seguridad aquí no depende de una única clave secreta, sino de un sistema de **criptografía de clave pública**, donde el servidor tiene una clave privada y te entrega una clave pública que tu navegador usa para cifrar los datos. Solo el servidor puede descifrar ese contenido.

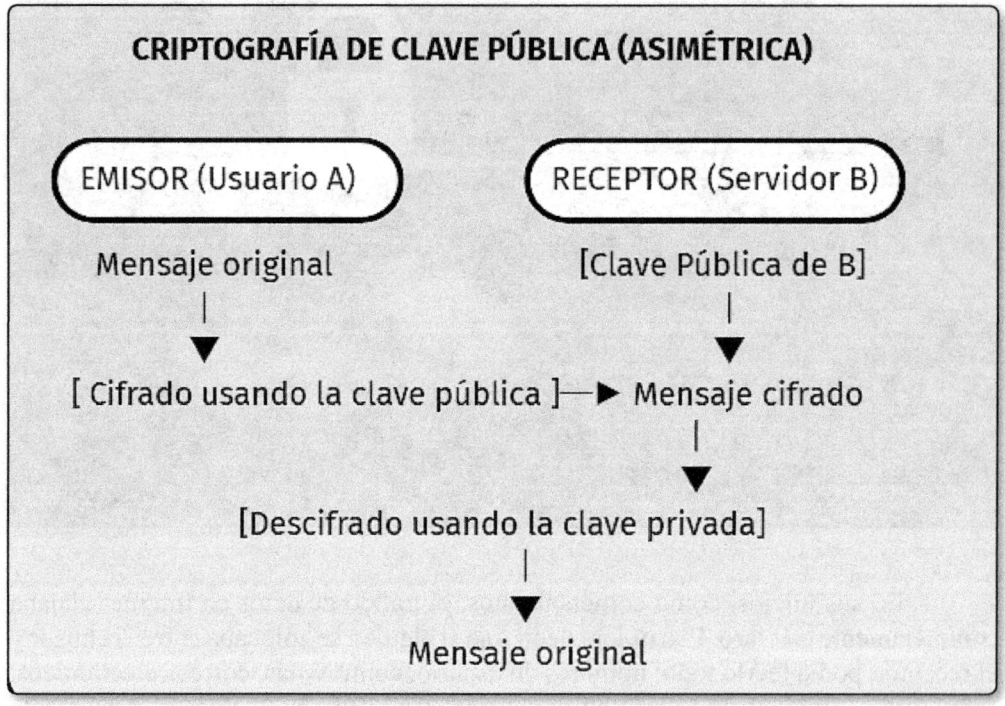

- ▶ El receptor (**Servidor B**) genera un par de claves:
    - Una **clave pública**, que puede compartir libremente.
    - Una **clave privada**, secreta y guardada solo por él.

- ▶ El emisor (**Usuario A**) toma el mensaje original y lo cifra usando la **clave pública del receptor**.

El protocolo **TLS (Transport Layer Security)** es la evolución moderna de SSL. Aunque mucha gente sigue hablando de "SSL" por costumbre, en realidad hoy en día **SSL está obsoleto y se considera inseguro**, y los navegadores modernos utilizan versiones actualizadas de TLS, como **TLS 1.2 o TLS 1.3**, que ofrecen más seguridad, más velocidad y mejor compatibilidad con tecnologías actuales. TLS 1.3, por ejemplo, reduce el tiempo necesario para establecer una conexión segura y elimina algunos algoritmos criptográficos antiguos que ya no se consideran fiables.

Una de las cosas más interesantes del cifrado con TLS es que no solo protege la confidencialidad de la información (es decir, que nadie más pueda leerla), sino también su **integridad** (que no sea modificada en el camino) y su **autenticidad** (que sepas que estás hablando realmente con quien crees). Esto se consigue mediante una cadena de confianza entre tu navegador y una **autoridad certificadora** (CA, por sus siglas en inglés) que emite certificados digitales a los sitios web. Cuando accedes a una web, tu navegador verifica el certificado, comprueba que no está caducado ni se ha revocado, y solo entonces establece la conexión cifrada.

Todo este sistema, que parece complicado pero que funciona de forma transparente para el usuario, es una de las razones por las que hoy podemos comprar online, hacer trámites administrativos, pagar impuestos o chatear con alguien al otro lado del mundo sin miedo a que alguien intercepte el contenido. De hecho, los motores de búsqueda como Google priorizan en sus resultados las páginas con HTTPS, y los navegadores modernos ya marcan como **"no seguras"** a las páginas que no lo utilizan, lo que ha empujado a casi todos los sitios web serios a implementar este tipo de protección.

Una herramienta que ha democratizado todavía más la seguridad web ha sido **Let's Encrypt**, una iniciativa sin ánimo de lucro que permite emitir certificados TLS gratuitos y automáticos. Gracias a este servicio, cualquiera puede tener su web cifrada y segura sin pagar nada ni complicarse con instalaciones técnicas. Esto ha cambiado radicalmente el panorama, haciendo que HTTPS ya no sea un privilegio de bancos o grandes empresas, sino el estándar para cualquier web mínimamente decente.

https://letsencrypt.org/es/

También conviene saber que TLS no se usa solo en webs. Muchos otros servicios, como el correo electrónico, la transmisión de archivos, las videollamadas o las conexiones remotas por SSH, utilizan variantes de este protocolo para garantizar la seguridad de los datos en tránsito. En realidad, hoy el cifrado está tan presente que forma parte de la base técnica de casi todo lo que ocurre en Internet.

Eso sí, el cifrado por sí solo no lo resuelve todo. Puedes tener una conexión segura, pero si el servidor está comprometido o si introduces tus datos en una web falsa que también usa HTTPS, puedes seguir teniendo problemas. Por eso es tan importante **educar a los usuarios en buenas prácticas**, enseñar a identificar sitios legítimos, revisar los certificados y no fiarse de cualquier candadito en la barra del navegador. El candado indica que la conexión es segura, pero **no garantiza que el sitio sea confiable**.

5.2 LA SEGURIDAD EN LA NUBE

Hablar de **seguridad en la nube** es algo que muchas veces asusta a quienes vienen del mundo tradicional, donde todo parecía estar más "controlado" porque los servidores estaban en el cuarto de sistemas de la empresa, bajo llave y con un técnico de guardia. Sin embargo, ese sentimiento es más psicológico que real. Lo cierto es que la nube no es menos segura; lo que cambia es **cómo se reparten las responsabilidades** y las herramientas que tenemos para proteger la información. Aquí entra en juego un concepto básico que hay que entender desde el principio: el **modelo de responsabilidad compartida**.

Este modelo es la piedra angular sobre la que se organiza toda la seguridad en entornos como AWS. Básicamente, lo que dice es que **Amazon se encarga de proteger la infraestructura física de la nube**, pero **tú eres responsable de lo que haces dentro de ella**. Para que quede más claro: si alquilas un coche, la empresa te lo da en buen estado, con seguro y revisado, pero tú decides cómo lo conduces, por dónde vas y si respetas o no las normas de tráfico. En la nube pasa lo mismo. Amazon te ofrece servidores virtuales seguros, pero si tú subes tus datos sin cifrar o dejas el puerto abierto a todo Internet, el riesgo es tuyo.

Esta división se adapta al tipo de servicio que uses. Por ejemplo, si lanzas una instancia EC2, tú gestionas el sistema operativo, las aplicaciones y los parches de seguridad. En cambio, si usas un servicio completamente gestionado como Amazon S3, Amazon se encarga de la infraestructura y tú solo configuras los permisos, las políticas de acceso y el cifrado. Cuanto más te alejas de la infraestructura (es decir, cuanto más usas servicios abstractos o sin servidor), menos tareas de seguridad recaen sobre ti. Pero eso no significa que puedas despreocuparte: todavía tienes que definir quién accede, cómo y con qué límites.

Y hablando de **cifrado**, aquí es donde las herramientas que ofrece AWS marcan una gran diferencia. Puedes cifrar datos en reposo, en tránsito o incluso en memoria. Esto significa que los archivos almacenados en un bucket de S3 pueden estar cifrados automáticamente (por ejemplo, con claves gestionadas por AWS o por ti mismo usando KMS, el Key Management Service), y también puedes asegurar que cualquier comunicación que se realice entre servicios (como entre una base de datos y una aplicación web) esté protegida con protocolos como TLS. Lo mejor es que muchas veces todo esto se puede activar con un clic desde la consola o con una línea en un archivo de configuración. No hay excusas para no usarlo.

Una práctica cada vez más extendida es utilizar **logs**, o registros de actividad, para reforzar la seguridad. Puede parecer aburrido o técnico, pero los logs son como las cámaras de seguridad de un edificio: si alguien entra, queda registrado; si hay un fallo, puedes rastrear qué lo causó. AWS ofrece varias formas de monitorizar lo que pasa en tus servicios. Por ejemplo, con **CloudTrail** puedes registrar todas las acciones realizadas en tu cuenta: quién lanzó una instancia, quién cambió una política, quién intentó borrar un bucket. Esta información es valiosísima tanto para detectar incidentes como para auditar el comportamiento del sistema.

También está **Amazon CloudWatch**, que se encarga de recoger métricas y eventos de servicios como EC2, Lambda o RDS. Puedes configurar alertas automáticas que te avisen si, por ejemplo, hay un pico inusual de tráfico, un uso extraño de CPU o una bajada repentina de rendimiento. De este modo, puedes reaccionar antes de que el problema escale, e incluso automatizar respuestas, como apagar un servicio o lanzar una función de contingencia.

Otra forma inteligente de usar los logs es integrarlos con herramientas de análisis y visualización, como **Elasticsearch**, **Splunk** o **Grafana**. De esta forma, puedes construir paneles que te muestren en tiempo real el estado de tus sistemas, las amenazas detectadas, los accesos más frecuentes o las anomalías en el comportamiento. Esta información no solo sirve para protegerte, también te ayuda a tomar decisiones más acertadas sobre cómo escalar, qué servicios usar o dónde ajustar tu arquitectura.

Y hay más. Uno de los puntos clave en seguridad en la nube es aplicar el principio de **mínimos privilegios**, que significa dar a cada usuario, servicio o rol **solo los permisos estrictamente necesarios** para hacer su tarea. Aquí entra en juego el servicio de IAM (Identity and Access Management), que permite definir políticas detalladas para controlar el acceso a cada recurso. Si haces bien esta parte, es mucho más difícil que alguien acceda a datos que no debería, ya sea por accidente o por malicia.

También es buena idea configurar **políticas de control de acceso a nivel de red**, usando grupos de seguridad, listas de control de acceso (ACLs) o servicios como AWS Network Firewall o Amazon VPC. Estas configuraciones te permiten segmentar tu red, limitar el acceso por IP, definir rutas seguras para los datos o bloquear conexiones sospechosas. Aunque al principio puede parecer un poco técnico, en realidad es como diseñar un plano de seguridad física para un edificio: decides qué puertas hay, quién tiene llaves y qué zonas están vigiladas.

> **ⓘ Nota**
>
> La seguridad en la nube no se improvisa, pero tampoco es un misterio reservado a expertos. Si se entienden bien las reglas del juego —como el modelo de responsabilidad compartida, el uso de cifrado, la importancia de los logs y la correcta configuración de permisos y redes—, es perfectamente posible crear sistemas seguros, auditables y confiables.

5.3 LEGISLACIÓN ESPAÑOLA EN MATERIA DE SEGURIDAD

La **Ley Orgánica de Protección de Datos Personales y garantía de los derechos digitales (LOPDGDD)** es la normativa que regula cómo deben tratarse los datos personales en España. Esta ley, en vigor desde diciembre de 2018, no salió de la nada: viene a adaptar el **Reglamento General de Protección de Datos (RGPD)** europeo al marco jurídico español, y añade aspectos propios que van más allá del reglamento comunitario, sobre todo en lo que respecta a los derechos digitales.

La LOPDGDD actúa como una especie de "manual de instrucciones" legal para todas las organizaciones, empresas y administraciones públicas que recojan, gestionen o almacenen **datos personales**, ya sea de clientes, usuarios, trabajadores o cualquier otra persona. Y aquí es donde la cosa se pone interesante, porque en la práctica, datos personales hay por todas partes: nombres, correos electrónicos, direcciones IP, datos bancarios, imágenes... Si en tu proyecto estás usando AWS, y estás subiendo información que identifica a personas físicas, estás obligado a cumplir esta ley.

Uno de los aspectos que más impacta al trabajar en la nube es el tema de la **ubicación de los datos**. El RGPD y la LOPDGDD exigen que el tratamiento de la información se realice dentro del Espacio Económico Europeo, o bien en países que ofrezcan garantías equivalentes de protección. Esto significa que, si usas AWS, tienes que prestar atención a la **región** donde alojas tus datos. Por suerte, Amazon tiene una región en España (Europa - Aragón) y varias en la Unión Europea (como Frankfurt, París, Milán o Estocolmo), lo que permite cumplir con esta exigencia sin complicaciones técnicas. Elegir bien la región es un paso legal, no solo técnico.

La ley también impone principios muy concretos en el tratamiento de los datos: **licitud, lealtad, transparencia, limitación de la finalidad, minimización de datos, exactitud, limitación del plazo de conservación, integridad y confidencialidad**. Esto no es solo teoría legal: significa que no puedes recopilar más datos de los necesarios, que debes explicar claramente para qué los vas a usar, que tienes que asegurarte de que son correctos y que, además, tienes que protegerlos con medidas técnicas y organizativas adecuadas. Si subes una base de datos a S3 sin cifrarla, si no controlas quién puede acceder, o si dejas activos servicios innecesarios, podrías estar incumpliendo estas obligaciones.

Uno de los puntos más destacados de la LOPDGDD es la **obligación de contar con un Delegado de Protección de Datos (DPO)** en determinadas organizaciones, como centros educativos, hospitales, administraciones públicas o empresas que traten datos sensibles a gran escala. Este delegado es la figura que se encarga de supervisar que todo se haga conforme a la ley, servir de enlace con la Agencia Española de Protección de Datos (AEPD), y asesorar sobre riesgos, análisis de impacto o posibles brechas de seguridad.

Precisamente, el tema de las **brechas de seguridad** también está regulado. Si ocurre un incidente que compromete la confidencialidad, integridad o disponibilidad de los datos personales (por ejemplo, un ataque informático, un error humano o una pérdida de datos), la ley obliga a notificarlo a la AEPD **en un plazo máximo de 72 horas** desde que se detecta. Y en algunos casos, también hay que informar a los afectados. Esto implica que cualquier empresa que trabaje con datos personales en AWS debe tener un sistema de **monitoreo, alertas y respuesta rápida** ante incidentes. Herramientas como CloudTrail, AWS Config o AWS GuardDuty son grandes aliadas para esto, porque permiten registrar y auditar todo lo que ocurre en el entorno.

La LOPDGDD también refuerza los **derechos de los ciudadanos sobre sus datos**: derecho de acceso, rectificación, supresión (derecho al olvido), oposición, limitación del tratamiento y portabilidad. Esto significa que cualquier persona puede pedir que le digas qué información tienes sobre ella, que la corrijas o que la borres si ya no es necesaria. Y tienes que poder hacerlo de forma ágil, sin excusas técnicas.

Por eso es importante organizar bien los recursos en la nube, etiquetar correctamente, controlar el acceso y mantener una estructura que permita localizar y gestionar esos datos fácilmente.

Además, la ley incluye un capítulo muy actual: la **garantía de los derechos digitales**, algo que va desde el derecho a la desconexión digital fuera del horario laboral hasta la protección frente al uso de sistemas de videovigilancia o control de geolocalización. También se establecen principios para el uso de algoritmos y decisiones automatizadas, lo que es muy relevante si estás trabajando con inteligencia artificial o aprendizaje automático sobre datos personales. No se trata de prohibir la automatización, sino de hacerla con transparencia, con lógica explicable y sin que eso suponga una discriminación o un perjuicio para los usuarios.

Además de la LOPDGDD, en el contexto español y europeo hay **dos normativas clave** que completan el marco legal cuando se trabaja con servicios en la nube y se manejan datos digitales: **el Reglamento eIDAS** y **el Esquema Nacional de Seguridad (ENS)**. Ambos tienen aplicaciones muy concretas, tanto para entidades públicas como privadas, y conocerlos es fundamental si se quieren desplegar soluciones digitales que sean seguras, fiables y estén bien alineadas con las exigencias legales del entorno.

Vamos primero con **eIDAS**, que es el acrónimo de *Electronic IDentification, Authentication and trust Services*. Este reglamento europeo, en vigor desde 2016, se creó para facilitar las transacciones electrónicas dentro de la Unión Europea con plena validez legal. ¿Qué significa esto en la práctica? Que si una persona firma digitalmente un contrato en España usando un certificado reconocido, ese documento tiene el mismo valor legal en Alemania, Italia o cualquier otro país miembro. eIDAS da el marco para que todo esto funcione: identificación electrónica, firmas digitales, sellos de tiempo, autenticación segura… y todo con garantía jurídica.

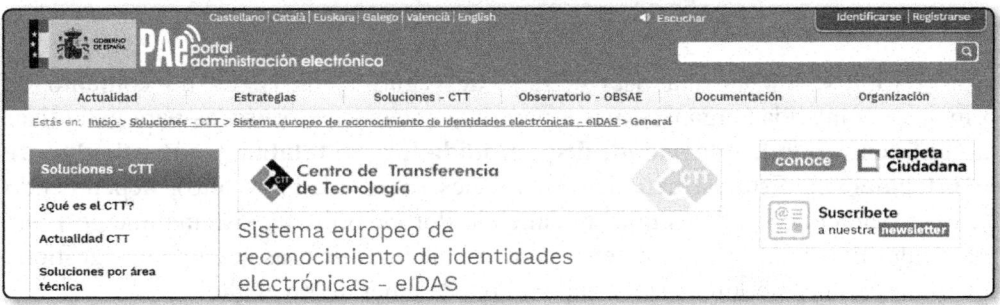

Para quienes trabajan en la nube, esto tiene muchas implicaciones. Si estás ofreciendo un servicio donde los usuarios se identifican, autentican o firman digitalmente documentos —piensa en una plataforma de contratación, trámites online o notificaciones electrónicas—, tendrás que asegurarte de que todo ese proceso cumple con eIDAS. Esto afecta al **tipo de certificado digital que se usa**, al **proveedor de servicios de confianza que se elija** (como FNMT, Camerfirma, Firmaprofesional, entre otros en España) y a cómo se almacena la evidencia digital de esas interacciones.

eIDAS define varios niveles de firma electrónica: la simple, la avanzada y la cualificada. Cada una con un grado de seguridad y validez jurídica diferente. La más potente, la firma electrónica cualificada, requiere que se use un certificado emitido por un prestador cualificado y que esté almacenado en un dispositivo seguro, como una tarjeta criptográfica o un HSM (Hardware Security Module). Aquí es donde entra en juego AWS con servicios como **AWS CloudHSM o AWS KMS**, que permiten gestionar claves criptográficas con alto nivel de seguridad y, si se configura bien, pueden servir de base para sistemas compatibles con firmas electrónicas avanzadas o cualificadas según los requisitos de eIDAS.

Por otro lado, si tu plataforma opera dentro del sector público en España, o si trabajas con la administración (ya sea como proveedor o desarrollador), hay otra normativa que entra de lleno: el **Esquema Nacional de Seguridad (ENS)**. Este marco jurídico, establecido por el **Real Decreto 311/2022**, actualiza la versión original del ENS y establece los principios básicos y los requisitos mínimos de seguridad que deben cumplir los sistemas, servicios y comunicaciones que manejen información en el sector público español.

El ENS no es una lista cerrada de reglas técnicas. Es un conjunto de principios y medidas organizativas, operativas y técnicas, pensadas para garantizar la **confidencialidad, integridad, disponibilidad, trazabilidad y autenticidad de la información**. Está estructurado en niveles (bajo, medio y alto), dependiendo de la criticidad de los datos que se manejen. Por ejemplo, un sistema que gestiona matrículas universitarias puede tener un nivel medio, mientras que uno que gestiona historiales clínicos o información judicial puede tener un nivel alto.

La implementación del ENS implica tareas como **clasificar los activos de información**, **establecer controles de acceso**, **asegurar los canales de**

comunicación, **auditar actividades** o **mantener actualizado un plan de continuidad de negocio**. Todo esto puede parecer muy denso, pero en realidad muchas de estas medidas ya están contempladas en los servicios de AWS si se configuran correctamente. Por ejemplo, **CloudTrail** para auditoría, **AWS Config** para asegurar que las configuraciones cumplen ciertos requisitos, o **IAM** para definir quién puede hacer qué, con trazabilidad completa.

Además, AWS proporciona documentación específica sobre cómo sus servicios pueden alinearse con el ENS. De hecho, la **región de AWS en España (Europa – Aragón)** cumple con los requisitos del ENS en nivel alto, lo cual facilita mucho las cosas a entidades públicas o proveedores tecnológicos que trabajan en el entorno institucional. También existe el **Informe de Cumplimiento del ENS** elaborado por terceros independientes, que se puede consultar para verificar qué servicios de AWS están alineados y cómo se pueden usar de forma adecuada para cumplir la normativa.

Tanto eIDAS como el ENS forman parte de una realidad que muchas veces se olvida cuando se habla de tecnología: la legalidad y la confianza. No se trata solo de tener un sistema que funcione bien, sino de que funcione **según las reglas**, especialmente cuando están en juego derechos fundamentales de los ciudadanos como la privacidad, la seguridad o la validez jurídica de las transacciones digitales. Y en este sentido, conocer estos marcos legales no es una carga, sino una brújula que permite tomar decisiones más seguras, con visión a largo plazo y con la tranquilidad de estar construyendo sobre bases firmes.

5.4 SEGURIDAD EN LA NUBE DE AMAZON WEB SERVICES (AWS). ADMINISTRACIÓN DE COSTES

AWS ha invertido durante años en construir una infraestructura sólida, con capas de protección que permiten a las organizaciones operar en la nube sin comprometer la confidencialidad, la integridad ni la disponibilidad de sus sistemas. Pero la seguridad en AWS no es algo que funcione automáticamente sin intervención. La plataforma ofrece un amplio abanico de **servicios especializados** que están ahí para ayudarte a construir entornos protegidos, aunque depende de ti usarlos bien y en el momento adecuado.

Dentro de ese conjunto de herramientas, hay tres nombres que aparecen mucho cuando se habla de **protección frente a amenazas externas**: **AWS Shield**, **AWS WAF** y **Amazon GuardDuty**. Cada uno tiene un enfoque distinto, pero están diseñados para trabajar juntos y dar una cobertura completa frente a ataques o comportamientos sospechosos que pueden poner en riesgo tus aplicaciones, tus datos o tus usuarios.

Empecemos por **AWS Shield**, que está pensado para proteger tus recursos contra ataques DDoS (ataques de denegación de servicio distribuida). Estos ataques consisten en saturar tus sistemas con tráfico falso para que dejen de responder correctamente. Son bastante comunes y pueden afectar tanto a empresas grandes como a sitios personales. Shield tiene dos niveles: el estándar, que está activado automáticamente sin coste adicional y que protege contra ataques comunes en la capa de red (como los que intentan saturar tu dirección IP); y el nivel avanzado (Shield Advanced), que ofrece protección más personalizada y detallada. Este segundo nivel incluye acceso a un equipo especializado de respuesta a incidentes (el AWS DDoS Response Team), análisis detallado de tráfico y la posibilidad de recuperar parte del coste si un ataque te obliga a escalar tus recursos. Shield Advanced se suele activar en proyectos críticos o en sistemas que no pueden permitirse interrupciones, como tiendas online durante campañas masivas o servicios financieros.

Luego está **AWS WAF (Web Application Firewall)**, que como su nombre indica, funciona como un cortafuegos para aplicaciones web. Este servicio permite definir reglas para filtrar el tráfico HTTP que llega a tus recursos (por ejemplo, a un balanceador de carga, a una distribución de CloudFront o a una API en API Gateway). Puedes bloquear peticiones que contengan patrones sospechosos, limitar el número de solicitudes por minuto desde una misma IP, protegerte contra inyecciones SQL o contra ataques de tipo XSS (cross-site scripting). Lo interesante de WAF es que no se queda en reglas genéricas. Puedes crear reglas personalizadas, importar conjuntos de reglas de terceros o usar las **reglas gestionadas por AWS**, que están actualizadas continuamente frente a nuevas amenazas. Es una capa muy valiosa, sobre todo cuando manejas formularios, login de usuarios o sistemas que exponen datos sensibles al exterior.

Y si quieres saber lo que está pasando dentro de tu sistema, entonces entra en juego **Amazon GuardDuty**, que es el servicio de detección de amenazas basado en análisis inteligente. Este servicio no bloquea ataques directamente, sino que actúa como un observador inteligente que analiza registros de eventos (como CloudTrail, VPC Flow Logs y DNS logs) y te avisa si detecta comportamientos anómalos. Por ejemplo, si una instancia EC2 empieza a conectarse a direcciones IP conocidas por actividades maliciosas, o si una cuenta IAM ejecuta acciones inusuales a medianoche desde un país desconocido, GuardDuty lo detecta y genera una alerta. Todo esto se hace sin necesidad de que tú configures reglas manualmente: usa machine learning, listas negras y correlación de eventos para identificar riesgos en tiempo real. Puedes conectar esas alertas con otros servicios como AWS Security Hub, Lambda o EventBridge para automatizar respuestas y actuar en segundos si algo no cuadra.

Además de estos tres servicios principales, AWS cuenta con **una cartera bastante amplia de soluciones de seguridad** que permiten cubrir distintas áreas. Por ejemplo, está **AWS Config**, que sirve para auditar y controlar el estado de tus recursos, garantizando que se mantengan conforme a unas reglas definidas. Es muy útil cuando necesitas saber si alguna instancia se ha lanzado sin cifrado, si hay buckets S3 expuestos al público, o si se han cambiado configuraciones críticas sin aviso. Con Config puedes ver la evolución de tus recursos y establecer alertas para cambios no deseados.

Otro servicio muy potente es **AWS Macie**, especializado en la detección de datos sensibles dentro de Amazon S3. Si tu organización guarda información como números de identificación fiscal, datos bancarios o direcciones de correo electrónico, Macie puede escanear tus buckets y avisarte si detecta que esos datos están almacenados sin cifrado, sin restricciones de acceso o en ubicaciones que no cumplen con tus normas internas. Macie utiliza técnicas de reconocimiento de patrones y aprendizaje automático para encontrar estos datos sin que tú tengas que buscarlos manualmente.

En entornos donde la gobernanza y el cumplimiento legal son prioritarios, destaca **AWS Security Hub**, que actúa como una especie de centro de mando desde el que puedes visualizar el estado de seguridad de todos tus servicios y cuentas. Se integra con Shield, GuardDuty, Macie, IAM Access Analyzer y muchos otros, y presenta un resumen centralizado con recomendaciones, alertas y niveles de cumplimiento según estándares como CIS o el ENS. Security Hub no es un sistema de bloqueo, pero es ideal para tener control de todo el entorno, sobre todo si trabajas en organizaciones con varios equipos, proyectos o cuentas bajo una misma estructura.

Otro servicio relevante es **AWS Detective**, que va más allá del simple aviso. Cuando se detecta una amenaza, este servicio te ayuda a investigar lo que ha pasado. Analiza los eventos, los conecta entre sí, y te ofrece una vista clara de la cadena de acciones sospechosas: qué usuario accedió a qué, desde dónde, con qué permisos, qué recursos se vieron afectados... Ideal para entender el contexto de un incidente sin tener que rebuscar logs en distintos servicios. Detective es especialmente útil en análisis forense y en respuesta ante incidentes.

Amazon Detective

Analice y visualice los datos de seguridad para investigar los problemas de seguridad posibles

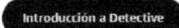

Amazon Detective

¿Qué es Detective?

Amazon Detective recopila datos de registro de manera automática a partir de sus recursos de AWS y utiliza el machine learning (ML), el análisis estadístico y la teoría de gráficos para crear un conjunto de datos vinculados que puede usar para llevar a cabo fácilmente investigaciones más eficientes sobre la seguridad.

Y no podemos olvidar los elementos más básicos pero fundamentales, como el **cifrado**. AWS ofrece varios niveles de cifrado tanto en reposo como en tránsito. Puedes usar **AWS Key Management Service (KMS)** para crear y gestionar tus propias claves de cifrado, o delegarlo en el sistema. Servicios como S3, EBS, RDS o Lambda tienen cifrado nativo, y puedes activarlo con un clic. También puedes aplicar cifrado extremo a extremo en tus comunicaciones usando TLS 1.2 o 1.3, ya sea directamente en tus aplicaciones o a través de balanceadores de carga como el ALB. Todo esto permite garantizar que los datos estén protegidos, incluso si alguien accede al almacenamiento físico o intercepta el tráfico de red.

5.5 PRUEBA DE AUTOEVALUACIÓN DE LA UNIDAD

1. **¿Qué protocolo es el sucesor moderno y seguro de SSL?**

   a) HTTPS

   b) TLS

   c) SSH

2. ¿Cuál es el objetivo del modelo de responsabilidad compartida en AWS?

a) Que AWS gestione toda la seguridad

b) Dividir las tareas de seguridad entre cliente y proveedor

c) Permitir el acceso abierto a los datos

3. ¿Qué servicio de AWS protege frente a ataques DDoS?

a) GuardDuty

b) CloudTrail

c) AWS Shield

4. ¿Qué herramienta permite filtrar tráfico HTTP malicioso en AWS?

a) AWS Macie

b) AWS WAF

c) AWS KMS

5. ¿Qué ley española adapta el RGPD a nivel nacional?

a) LSSI-CE

b) ENS

c) LOPDGDD

6. ¿Qué servicio de AWS analiza patrones sospechosos con inteligencia artificial?

a) CloudWatch

b) GuardDuty

c) Config

7. ¿Qué tipo de cifrado garantiza que los datos se almacenan protegidos?

a) Cifrado en tránsito

b) Cifrado en reposo

c) Cifrado de sesión

8. ¿Cuál de los siguientes derechos está incluido en la LOPDGDD?

    a) Derecho a la reputación

    b) Derecho al olvido

    c) Derecho a la encriptación

9. ¿Qué servicio permite auditar todos los eventos en una cuenta AWS?

    a) CloudTrail

    b) IAM

    c) S3

10. ¿Qué herramienta europea asegura la validez legal de las firmas electrónicas?

    a) eIDAS

    b) ISO 27001

    c) LOPD

1. El protocolo que reemplazó a SSL como estándar de cifrado es _____.

2. El modelo de _____ compartida divide las responsabilidades entre AWS y el cliente.

3. AWS _____ permite detectar amenazas mediante análisis de registros.

4. La ley que regula el tratamiento de datos personales en España es la _____.

5. Para registrar toda la actividad en la cuenta AWS, se utiliza el servicio _____.

Respuestas correctas

Preguntas tipo test:

b) TLS

b) Dividir las tareas de seguridad entre cliente y proveedor

c) AWS Shield

b) AWS WAF

c) LOPDGDD

b) GuardDuty

b) Cifrado en reposo

b) Derecho al olvido

a) CloudTrail

a) eIDAS

Frases con huecos:

1. TLS
2. responsabilidad
3. GuardDuty
4. LOPDGDD
5. CloudTrail

6

REALIZACIÓN DEL PROYECTO FINAL

Después de todo el recorrido, llega el momento de poner en práctica lo aprendido a través de un proyecto final. En esta última parte se propondrá un caso real —el Laboratorio Guttman y su uso de AWS— como inspiración para analizar necesidades concretas, elegir los servicios adecuados, justificarlos y valorar los beneficios obtenidos. El proyecto invita a aplicar los conocimientos adquiridos en los bloques anteriores: desde la elección de la arquitectura hasta el despliegue de servicios, pasando por la gestión de la seguridad, los costes y la documentación. Es un ejercicio completo, pero accesible, donde cada alumno o alumna podrá demostrar lo que ha aprendido, con una mirada práctica y orientada a la realidad empresarial. Al finalizar este bloque, se estará en condiciones de afrontar nuevos retos en la nube con autonomía y una base sólida sobre la que seguir construyendo.

6.1 EL LABORATORIO GUTTMAN Y SU USO DE AWS

El Laboratorio Guttman es un excelente ejemplo para comprender cómo una organización puede beneficiarse del uso inteligente de la nube, y en particular, de Amazon Web Services. Se trata de una institución de referencia en investigación biomédica y neurorehabilitación, que lleva años apostando por la tecnología como aliada para avanzar en sus proyectos. En este contexto, su decisión de migrar parte de su infraestructura a AWS no fue una cuestión de moda, sino una respuesta bien pensada a necesidades reales de flexibilidad, eficiencia y seguridad. Este caso práctico sirve de guía para entender cómo una entidad con un perfil científico-técnico, y con exigencias muy concretas, puede aprovechar los servicios de la nube para mejorar tanto su día a día como sus resultados a largo plazo.

Una de las primeras razones que llevó al Laboratorio Guttman a utilizar AWS fue la necesidad de contar con una plataforma que ofreciera escalabilidad sin complicaciones. En investigación, los picos de actividad son frecuentes: se puede pasar de un uso moderado de recursos a requerimientos intensivos de cómputo en muy poco tiempo, por ejemplo, durante el análisis de imágenes médicas, el procesamiento de datos genómicos o la simulación de modelos neuronales complejos. Con AWS, la organización pudo desplegar instancias EC2 adaptadas a cada necesidad específica, activándolas cuando hacía falta y deteniéndolas al terminar. Esto supuso un cambio radical respecto a los servidores locales, que requerían inversiones fijas y no siempre se usaban al 100 %.

Además, AWS les permitió trabajar con bases de datos distribuidas y altamente disponibles, como Amazon RDS o DynamoDB, que garantizan la integridad de los datos clínicos y científicos, con sistemas de replicación automática y backups programados. Esto es especialmente importante cuando se manejan datos sensibles de pacientes, donde la pérdida o la corrupción de la información no es una opción. La capacidad de cifrar los datos en tránsito y en reposo, usando servicios como AWS KMS, fue un factor decisivo en la elección de la plataforma. Guttman debía cumplir con la normativa española y europea en materia de protección de datos, y AWS ofrecía herramientas concretas para facilitar esa adecuación legal.

Otro aspecto interesante del caso es cómo la nube facilitó el trabajo colaborativo entre equipos multidisciplinares. AWS WorkSpaces y Amazon AppStream 2.0 fueron clave para permitir que investigadores, personal clínico y especialistas en datos pudieran acceder a entornos de trabajo virtuales, desde cualquier lugar y con toda la potencia necesaria, sin depender de equipos físicos de alto rendimiento. Esto se volvió especialmente valioso durante la pandemia, cuando el teletrabajo pasó de ser una opción a una necesidad.

Por otro lado, el uso de servicios como Amazon S3 para almacenamiento masivo permitió organizar grandes volúmenes de datos estructurados y no estructurados de forma sencilla, económica y con acceso controlado por etiquetas y políticas IAM. Para un laboratorio con múltiples proyectos en marcha, contar con un sistema de almacenamiento fiable, segmentado y bien documentado fue un salto de calidad en términos operativos.

No hay que olvidar tampoco el papel de la automatización. Gracias a AWS Lambda y a la integración con otros servicios como CloudWatch y EventBridge, el laboratorio consiguió optimizar tareas repetitivas: generación de informes, ejecución de scripts de análisis o activación de procesos según eventos. Todo esto liberó tiempo al personal técnico, que pudo centrarse en tareas de mayor valor añadido.

6.2 LAS NECESIDADES DE LA EMPRESA

Cuando una empresa como el Laboratorio Guttman decide avanzar hacia la nube, lo primero que tiene que hacer es parar un momento y pensar: ¿qué necesitamos realmente? No se trata de lanzarse a usar tecnología por impulso, sino de identificar con claridad qué problemas se quieren resolver, qué procesos se quieren mejorar y qué limitaciones tiene el sistema actual. Es como cuando te mudas de casa: antes de hacer las maletas, necesitas saber cuántas habitaciones necesitas, si quieres terraza, si hay buena conexión a internet o si vas a compartir piso. En el caso de una empresa que trabaja con investigación, datos clínicos y desarrollo de soluciones tecnológicas, esta reflexión inicial es todavía más importante.

El Laboratorio Guttman, por ejemplo, partía de una situación muy concreta: una infraestructura tradicional, basada en servidores físicos, que empezaba a quedarse corta para sus necesidades de procesamiento, almacenamiento y colaboración. Tenían que analizar grandes cantidades de datos biomédicos, ejecutar simulaciones complejas, trabajar en remoto con equipos multidisciplinares, garantizar el cumplimiento de normativas como la LOPDGDD y el RGPD, y todo esto con un nivel de seguridad elevado, sin renunciar a la flexibilidad que exige el trabajo científico.

A partir de ahí, se pueden distinguir varias necesidades claras. La primera, y probablemente la más urgente, era la **escalabilidad**. Los proyectos de investigación no funcionan de forma lineal: hay picos de demanda, momentos donde se necesitan muchos recursos informáticos para procesar datos de forma intensiva, y otros periodos más tranquilos. Con la infraestructura local, eso significaba tener que comprar equipos muy potentes que luego quedaban infrautilizados. Por eso, servicios como **Amazon EC2**, que permiten lanzar instancias bajo demanda y adaptarlas al volumen de trabajo, fueron una de las primeras opciones a considerar. Lo mismo ocurre con

Amazon Lambda, que ofrece un enfoque sin servidor perfecto para tareas que se ejecutan de forma puntual o en función de eventos.

La segunda gran necesidad era el **almacenamiento seguro y flexible de grandes volúmenes de datos**. Aquí entra en juego **Amazon S3**, un servicio pensado para guardar desde documentos clínicos hasta imágenes médicas de alta resolución, todo ello con políticas de acceso granulares, cifrado en reposo y opciones de replicación entre regiones. Para los datos más estructurados, la opción fue **Amazon RDS**, que ofrece bases de datos relacionales con gestión automática de backups, actualizaciones de seguridad y alta disponibilidad.

El tercer frente tenía que ver con la **colaboración remota y el acceso desde distintos puntos**. La pandemia puso en evidencia que muchos equipos no podían depender de estar físicamente en el laboratorio. Servicios como **AWS WorkSpaces** y **AppStream 2.0** resolvieron este problema permitiendo a cada miembro del equipo acceder a escritorios virtuales o a aplicaciones científicas desde casa, con toda la potencia que necesitan y sin comprometer la seguridad. Esta posibilidad de centralizar el entorno de trabajo sin tener que invertir en hardware individual cambió por completo la dinámica diaria.

Otra necesidad clave era la de garantizar un **control fino sobre la seguridad y el cumplimiento normativo**. Aquí entran en escena herramientas como **AWS IAM**, que permite definir permisos detallados para cada usuario, servicio o aplicación. También fue fundamental implementar **CloudTrail**, para llevar un registro completo de todas las acciones realizadas en la cuenta, algo básico cuando trabajas con datos sensibles y necesitas justificar ante auditores o reguladores cómo y cuándo se accedió a la información. Además, el uso de **AWS KMS** para gestionar claves de cifrado permitió cumplir con los requisitos legales relacionados con la protección de datos personales.

Desde el punto de vista del **coste y su control**, la organización necesitaba herramientas que le permitieran ajustar su gasto y prever sus necesidades con precisión. Servicios como **AWS Budgets**, **Cost Explorer** y el etiquetado de recursos resultaron muy útiles para llevar un seguimiento por proyecto, departamento o tipo de actividad. Esto les permitió aplicar políticas internas de ahorro, apagar recursos que no se usaban, o detectar patrones de consumo que podían mejorarse.

Y no hay que olvidar algo esencial: **la automatización y la gestión eficiente de los recursos**. En entornos como el de Guttman, donde el tiempo es oro, poder automatizar procesos rutinarios como la creación de entornos de pruebas, el lanzamiento de scripts de análisis o el archivado de datos antiguos es una ventaja enorme. Herramientas como **AWS CloudFormation** y **EventBridge** les permitieron definir plantillas reutilizables y desencadenar acciones automáticamente según eventos concretos.

6.3 POR QUÉ AMAZON WEB SERVICES

Cuando llega el momento de elegir una plataforma para migrar a la nube, no se trata de lanzar una moneda al aire ni de dejarse llevar por lo que esté de moda. Es una decisión estratégica que puede marcar el rumbo de todo un proyecto. En el caso del Laboratorio Guttman, la elección de **Amazon Web Services (AWS)** no fue casual ni impulsiva. Fue el resultado de un análisis detallado de lo que necesitaban y de lo que cada proveedor podía ofrecerles. Y al poner todos los elementos sobre la mesa —flexibilidad, seguridad, madurez tecnológica, soporte, precio, escalabilidad—, la balanza se inclinó con claridad hacia AWS.

Uno de los principales motivos que pesaron en la decisión fue **la madurez del ecosistema de AWS**. No estamos hablando de un proveedor que acaba de llegar al mercado ni de un actor secundario. AWS lleva años liderando el sector de la computación en la nube y ha ido construyendo una infraestructura global que cubre casi todos los rincones del planeta. Esto significa que cualquier organización, desde una startup hasta una universidad o un hospital, puede acceder a los mismos recursos, con la misma calidad y con los mismos niveles de seguridad. Para un laboratorio que trabaja con datos sensibles, esto es una garantía: hay regiones en Europa, como la de Aragón, que permiten cumplir sin complicaciones con la legislación sobre protección de datos.

Otro aspecto que llamó mucho la atención fue **la variedad y profundidad de servicios disponibles**. AWS no se limita a ofrecer máquinas virtuales o almacenamiento; es una plataforma en la que puedes encontrar soluciones para casi cualquier necesidad digital: desde inteligencia artificial y análisis de datos, hasta IoT, blockchain o realidad aumentada. Para una organización que investiga, innova y necesita probar cosas nuevas con frecuencia, esto supone un campo de posibilidades enorme. No hay que cambiar de proveedor ni buscar herramientas externas: todo se puede hacer dentro del ecosistema de AWS, lo que facilita la integración, la gestión de permisos y el soporte.

La **flexibilidad y escalabilidad** de la plataforma fue otro punto determinante. En AWS, lanzar una instancia EC2 tarda unos minutos. Escalar una base de datos o replicar un entorno de desarrollo es cuestión de un par de clics. No hay que comprar servidores, esperar semanas ni hacer grandes inversiones iniciales. Esto encaja perfectamente con las dinámicas de un laboratorio, donde los proyectos van cambiando de tamaño, donde algunos necesitan mucha potencia durante unos días y luego desaparecen, y donde cada euro cuenta. Poder pagar solo por lo que se usa y ajustar los recursos al ritmo del trabajo es una forma inteligente de gestionar la tecnología.

En lo que respecta a **seguridad**, AWS demostró ser una plataforma robusta y con enfoque proactivo. Las herramientas que ofrece —desde AWS IAM para control de accesos, hasta servicios como GuardDuty, Shield, Macie o CloudTrail— cubren todas las capas de protección que necesita una organización moderna. No se trata solo de poner un firewall y listo, sino de tener mecanismos de detección, auditoría, cifrado, monitorización y respuesta rápida ante incidentes. Además, muchos de estos servicios están integrados entre sí, lo que permite construir entornos seguros sin tener que ser un experto en ciberseguridad. Esto es muy valorado por equipos que necesitan estar protegidos, pero que no pueden dedicar tiempo ni recursos a montar sistemas complejos desde cero.

También influyó mucho el hecho de que **AWS tiene un modelo de precios transparente y herramientas de control del gasto muy eficaces**. Poder usar **Cost Explorer, AWS Budgets, Savings Plans y etiquetas** para llevar un seguimiento por proyectos o departamentos es fundamental cuando se trabaja con fondos públicos, subvenciones o presupuestos cerrados. No es lo mismo recibir una factura genérica que tener un informe detallado que te dice qué servicio ha generado cada euro. Esa visibilidad ayuda a tomar decisiones, a optimizar recursos y a justificar el uso de la nube ante auditores o responsables financieros.

Otro punto fuerte fue **la documentación y el soporte técnico**. AWS tiene una comunidad enorme, miles de tutoriales, cursos gratuitos y documentación actualizada que facilita mucho el aprendizaje y la resolución de problemas. Además, ofrece distintos niveles de soporte técnico que se adaptan al tamaño y necesidades de cada cliente. Para el Laboratorio Guttman, esto significaba no depender de un proveedor externo ni esperar días para resolver una incidencia: todo se podía gestionar desde dentro, con acceso directo a recursos y expertos.

Y hay un valor añadido que a veces no se tiene en cuenta: **la reputación y la confianza**. Cuando estás trabajando con datos clínicos, colaborando con universidades, aplicando a subvenciones o desarrollando soluciones para terceros, el hecho de decir que trabajas con AWS transmite profesionalidad y confianza. No se trata de postureo tecnológico, sino de alinearse con los estándares que ya están adoptando muchas instituciones científicas, tecnológicas y educativas de referencia.

6.4 LOS BENEFICIOS DEL USO DE AWS

En el caso del **Laboratorio Guttman**, la adopción de Amazon Web Services no fue una simple modernización de su infraestructura, sino una transformación profunda en la forma de trabajar, investigar y colaborar. Lo que antes eran limitaciones técnicas o administrativas, se convirtieron en oportunidades reales para crecer, optimizar recursos y ofrecer servicios de mayor calidad.

Uno de los primeros resultados palpables fue **la mejora en los tiempos de respuesta**. Antes de usar AWS, muchas tareas técnicas implicaban esperas: configurar un servidor, instalar un entorno de pruebas, escalar una base de datos o recuperar una copia de seguridad. Ahora, con un par de clics o unas líneas de código, todo eso se puede hacer en cuestión de minutos. Esto ha permitido que los equipos trabajen de forma más dinámica, lancen proyectos piloto más rápidamente y puedan adaptarse a cambios sin depender del departamento de sistemas o de proveedores externos.

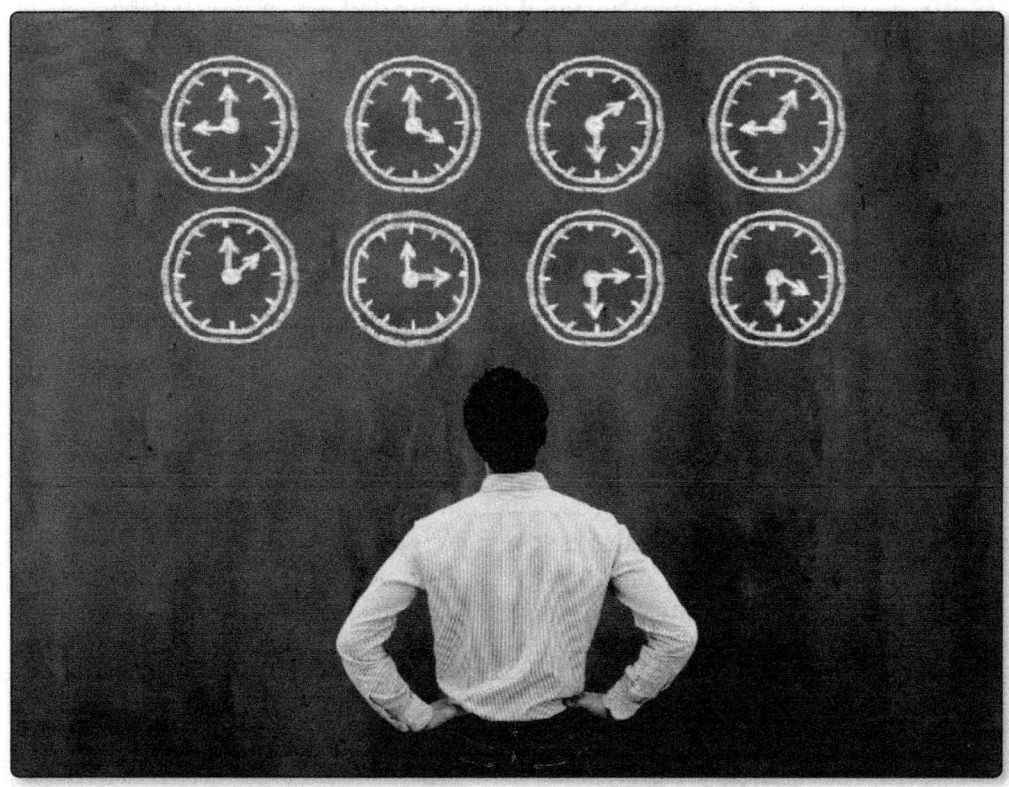

Otra ventaja clara ha sido **la reducción de costes innecesarios**. Gracias a herramientas como **AWS Cost Explorer, Budgets, Savings Plans** y el uso inteligente de **instancias spot o reservadas**, el laboratorio ha podido ajustar su gasto mes a mes, sin tener que invertir por adelantado en hardware que podría quedarse obsoleto. La facturación transparente y el etiquetado de recursos por proyecto han hecho posible que cada departamento tenga claro qué está consumiendo y cuánto está costando. Este control ha sido fundamental en un entorno donde muchas veces se trabaja con subvenciones, convenios y financiación pública que exige una trazabilidad económica precisa.

En lo que respecta a **seguridad**, los beneficios han sido evidentes. Gracias a la adopción de servicios como **AWS IAM, GuardDuty, CloudTrail** o **WAF**, el laboratorio ha podido reforzar su política de protección de datos sin tener que contratar personal especializado. Los accesos están segmentados, los logs de actividad quedan registrados, y cualquier comportamiento anómalo genera alertas en tiempo real. Esto no solo mejora la seguridad desde un punto de vista técnico, sino que también facilita el cumplimiento de normativas como la **LOPDGDD**, el

RGPD, o incluso el **Esquema Nacional de Seguridad**, en caso de colaboraciones con instituciones públicas.

Desde el punto de vista operativo, AWS ha hecho posible **una mayor colaboración entre equipos**. Al centralizar todos los recursos en la nube, y al disponer de herramientas como **Amazon S3**, **WorkDocs**, o entornos de desarrollo en EC2 y Cloud9, los investigadores y técnicos pueden compartir datos, trabajar en paralelo y evitar duplicidades. Esto ha fomentado un entorno de trabajo más eficiente y conectado, incluso cuando parte del equipo se encuentra en remoto o colabora desde otras instituciones.

Otro beneficio importante ha sido la **capacidad de escalar proyectos con facilidad**. Antes, si un proyecto necesitaba más recursos —por ejemplo, para analizar grandes volúmenes de datos clínicos, correr simulaciones complejas o probar un modelo de inteligencia artificial—, había que hacer malabares con el hardware disponible o esperar a que se aprobase una compra. Con AWS, todo eso se resuelve en minutos: se amplía la capacidad de cómputo, se cambia el tipo de instancia o se replica el entorno en otra región si hace falta. Esto permite avanzar más rápido, sin interrupciones y con un control total sobre los recursos.

También ha habido **mejoras en el ámbito de la innovación**. Tener acceso a servicios avanzados como **SageMaker, Rekognition, Translate** o **Textract** ha abierto la puerta a nuevas líneas de investigación que antes eran impensables por falta de infraestructura. Por ejemplo, el laboratorio ha podido experimentar con el análisis automático de documentos médicos, el reconocimiento de voz para terapias asistidas o el uso de algoritmos predictivos para mejorar tratamientos. Y todo esto sin necesidad de montar servidores complicados o aprender lenguajes esotéricos: la propia plataforma facilita el acceso a modelos preentrenados y a entornos de desarrollo guiados.

El despliegue en AWS también ha traído **beneficios en la continuidad de negocio y la recuperación ante desastres**. Gracias al uso de servicios como **Amazon S3 con versionado, Amazon RDS con copias automáticas**, y soluciones de backup en múltiples zonas de disponibilidad, el laboratorio ha reforzado su resiliencia ante incidentes. Si un servidor falla o hay un error humano, se puede restaurar la información sin perder días de trabajo. Esta tranquilidad ha permitido dedicar más tiempo a tareas productivas y menos a preocuparse por problemas técnicos.

Por último, hay un beneficio intangible pero muy potente: **la cultura del cambio**. La adopción de AWS ha obligado a repensar procesos, a actualizar conocimientos y a salir de la zona de confort. Esto ha generado un efecto positivo en el equipo, que ahora se siente más preparado para afrontar retos tecnológicos, más motivado para aprender y más conectado con las tendencias actuales. Ya no se trata solo de "mantener lo que tenemos funcionando", sino de explorar nuevas formas de trabajar con una infraestructura que se adapta a las ideas, y no al revés.

6.5 PROYECTO FINAL: TRANSFORMACIÓN DIGITAL DEL LABORATORIO GUTTMAN CON AWS

Este proyecto plantea un ejercicio práctico en el que se analizan las necesidades de una organización real, se identifican soluciones basadas en servicios de Amazon Web Services, y se justifica su elección con criterios técnicos, económicos y organizativos. El objetivo es diseñar una arquitectura funcional, segura y escalable, teniendo en cuenta la gestión de costes, el cumplimiento legal y las posibilidades de crecimiento. Como referencia se utiliza el caso del Laboratorio Guttman, una institución de prestigio en neurorehabilitación e investigación biomédica que ha incorporado la nube como parte de su estrategia digital.

El Laboratorio Guttman parte de un entorno clásico, con servidores físicos que se han quedado cortos ante el crecimiento de sus proyectos. La organización se enfrenta a retos concretos:

▶ **Identificación de las necesidades**

- Necesidad de procesamiento intensivo por picos de carga.
- Demanda de almacenamiento seguro y flexible de grandes volúmenes de información.
- Requisito de cumplimiento legal con normativas como el RGPD, LOPDGDD o el ENS.
- Necesidad de colaboración remota segura.
- Interés en automatizar procesos y facilitar la innovación tecnológica.
- Control del coste económico por proyecto.

▶ **Diseño de arquitectura en AWS**

- Cómputo escalable con Amazon EC2, Auto Scaling Groups y AWS Lambda.
- Almacenamiento en Amazon S3 y bases de datos en Amazon RDS y DynamoDB.
- Seguridad con AWS IAM, CloudTrail, GuardDuty, WAF, Shield y cifrado TLS/KMS.
- Colaboración remota mediante WorkSpaces y AppStream 2.0.
- Monitorización y automatización con CloudWatch, EventBridge y CloudFormation.
- Gestión de costes con AWS Budgets, Cost Explorer, Savings Plans y etiquetado de recursos.

▶ **Justificación de elección de AWS**

- Ecosistema maduro y confiable con presencia en Europa.
- Amplia oferta de servicios especializados.
- Escalabilidad y flexibilidad ajustadas al ritmo de los proyectos.
- Seguridad integral y herramientas interconectadas.

- Modelo de precios transparente con herramientas de control presupuestario.

- Buen soporte técnico y documentación accesible.

▼ Resultados esperados

- Mejora en los tiempos de despliegue y respuesta.

- Reducción de costes innecesarios.

- Refuerzo de la seguridad y cumplimiento legal.

- Mayor colaboración entre equipos.

- Escalabilidad de proyectos y facilidad de innovación.

- Continuidad de negocio y capacidad de recuperación.

- Cambio cultural hacia un modelo más flexible y moderno.

▼ Documentación

- Diagrama de arquitectura general.

  Este diagrama de arquitectura general representa cómo una organización como el Laboratorio Guttman puede estructurar su infraestructura en la nube usando servicios de Amazon Web Services (AWS). Algunos de los términos en inglés se traducen de la siguiente manera: VPC (Virtual Private Cloud) es una red privada virtual, donde se aíslan los recursos; EC2 (Elastic Compute Cloud) son máquinas virtuales escalables bajo demanda; S3 (Simple Storage Service) es un servicio de almacenamiento masivo y seguro; RDS (Relational Database Service) es una base de datos relacional gestionada; Lambda permite ejecutar código sin necesidad de gestionar servidores (lo que se llama "computación sin servidor" o *serverless*); IAM (Identity and Access Management) es el sistema para gestionar identidades y permisos; CloudTrail registra la actividad del sistema; GuardDuty detecta amenazas; WAF (Web Application Firewall) protege aplicaciones web; Shield defiende contra ataques DDoS; CloudWatch monitoriza métricas y eventos; WorkSpaces proporciona escritorios virtuales y AppStream 2.0 transmite aplicaciones desde la nube. Esta combinación permite diseñar un sistema seguro, escalable y adaptado a las necesidades de una entidad de investigación médica.

Needs of the organization → Necesidades de la organización. Amazon S3 → Amazon S3 (Servicio de almacenamiento de objetos). Amazon RDS → Amazon RDS (Servicio de base de datos relacional). AWS Lambda → AWS Lambda (Ejecución de código sin servidor). Amazon EC2 → Amazon EC2 (Instancias de cómputo escalables en la nube). Guttmann Laboratory → Laboratorio Guttmann. Benefits obtained → Beneficios obtenidos. Database scalability → Escalabilidad de base de datos. Improved security → Seguridad mejorada. Reduced costs → Costes reducidos.

- Tabla de servicios utilizados y justificación.

Servicio AWS	Descripción técnica	Justificación en el proyecto del Laboratorio Guttmann
Amazon EC2	Servicio de instancias virtuales para ejecutar aplicaciones con control total.	Permite escalar el procesamiento en función de la carga, ideal para simulaciones médicas y análisis intensivos de datos.
AWS Lambda	Plataforma de computación sin servidor para ejecutar funciones bajo demanda.	Útil para automatizar procesos como análisis de datos, generación de informes o ejecución de scripts según eventos.
Amazon RDS	Servicio de bases de datos relacionales gestionadas (MySQL, PostgreSQL, etc.).	Garantiza alta disponibilidad, copias de seguridad automáticas y escalado vertical para los datos clínicos estructurados.
Amazon S3	Almacenamiento de objetos seguro, escalable y con control granular de acceso.	Solución ideal para guardar imágenes médicas, documentos y datos no estructurados con cifrado y versionado.
AWS IAM	Gestión de identidades y permisos de acceso a recursos de AWS.	Permite aplicar políticas detalladas para proteger la información sensible y cumplir con la LOPDGDD.
AWS CloudTrail	Registro de actividades y eventos en la cuenta de AWS.	Ofrece trazabilidad total de accesos y cambios, necesario para auditorías y cumplimiento normativo.
AWS GuardDuty	Detección inteligente de amenazas y comportamientos anómalos.	Ayuda a identificar accesos sospechosos o usos inusuales de servicios en tiempo real.

Servicio AWS	Descripción técnica	Justificación en el proyecto del Laboratorio Guttmann
AWS WAF	Cortafuegos de aplicaciones web configurable con reglas personalizadas.	Protege aplicaciones del laboratorio frente a ataques como inyecciones SQL o bots maliciosos.
AWS Shield	Protección automática contra ataques DDoS.	Añade una capa de defensa frente a ataques de denegación de servicio, útil en entornos públicos y críticos.
AWS WorkSpaces	Escritorios virtuales en la nube para trabajo remoto.	Facilita la colaboración entre investigadores desde distintos lugares, sin necesidad de equipos físicos potentes.
Amazon AppStream 2.0	Streaming de aplicaciones desde la nube.	Permite acceder a software especializado sin instalarlo localmente, útil para tareas clínicas o científicas.
AWS Budgets	Establecimiento de presupuestos y alertas de gasto.	Ayuda a controlar el gasto por proyecto y a evitar sobrecostes inesperados.
AWS Cost Explorer	Análisis detallado del consumo y costes en la nube.	Ofrece informes visuales para optimizar el uso de recursos y justificar presupuestos.
AWS CloudWatch	Monitorización de métricas, logs y alertas automáticas.	Permite detectar anomalías en el rendimiento o el uso de recursos.
AWS EventBridge	Servicio de gestión de eventos entre servicios.	Automatiza tareas en función de eventos del sistema (por ejemplo, iniciar procesos cuando llega un nuevo archivo).
AWS CloudFormation	Plantillas para crear entornos completos de forma repetible y automatizada.	Acelera el despliegue de infraestructuras complejas en diferentes entornos.

- Presupuesto mensual estimado.

Servicio AWS	Descripción de uso estimado	Coste aproximado (€)
Amazon EC2	4 instancias t3.medium activas 8h/día (cómputo base)	90 €
AWS Lambda	1 millón de invocaciones / 500.000 GB-segundos	5 €
Amazon RDS	1 instancia db.t3.medium (MySQL) + 100 GB almacenamiento	70 €
Amazon S3	2 TB de almacenamiento estándar + 100.000 solicitudes PUT/GET	45 €
AWS WorkSpaces	10 escritorios virtuales Standard (uso parcial al mes)	180 €
Amazon AppStream 2.0	5 usuarios con uso intensivo en apps especializadas	80 €
AWS IAM / KMS	Gestión de identidades y 20.000 operaciones con claves	10 €
AWS CloudTrail	1 trail activo con almacenamiento en S3	3 €
AWS GuardDuty	1 cuenta + 1 millón de eventos de red y logs analizados	15 €
AWS WAF	2 ACL con 10 reglas cada una	18 €
AWS Shield	Shield Standard (incluido, sin coste adicional)	0 €
AWS Budgets / Cost Explorer	Seguimiento de costes por proyecto	0 €
AWS CloudWatch	Métricas personalizadas y logs (estimación moderada)	12 €
AWS EventBridge	100.000 eventos / mes	1 €
AWS CloudFormation	Uso esporádico para despliegues automatizados	0 €
Total mensual estimado: 529 €		

- El uso se ha calculado pensando en un laboratorio con unos 10–15 usuarios, varios proyectos activos y análisis de datos periódicos.

- El precio podría variar en función del uso exacto, la optimización de instancias, los descuentos por Savings Plans o el uso de instancias spot.

- No incluye impuestos (IVA) ni transferencias de datos salientes importantes (que pueden tener coste adicional si se exportan datos fuera de AWS).

● Informe resumen de decisiones y mejoras previstas.

▶ **Resumen general**

El proceso de análisis y diseño del entorno cloud para el Laboratorio Guttmann ha permitido identificar con claridad las principales necesidades de la organización, evaluar distintas alternativas tecnológicas y decidir una estrategia sólida basada en los servicios de Amazon Web Services (AWS). El objetivo ha sido modernizar su infraestructura sin perder control ni seguridad, permitiendo escalar sus actividades científicas y clínicas de forma flexible, eficiente y legalmente conforme.

Decisiones clave adoptadas

● Uso de EC2 y Lambda para la computación: se decidió combinar instancias EC2 para cargas constantes con funciones Lambda para automatizar tareas puntuales. Esto permite optimizar el uso de recursos y controlar el gasto.

● Almacenamiento mixto con Amazon S3 y RDS: para cubrir tanto necesidades de almacenamiento masivo como estructurado, se utilizarán buckets S3 (documentación clínica, imágenes médicas) y bases de datos relacionales RDS (datos normalizados, formularios, registros).

● Gestión de identidades y seguridad: se implementarán políticas detalladas con AWS IAM, cifrado con KMS, y supervisión activa mediante CloudTrail, WAF y GuardDuty. Esto garantiza el cumplimiento normativo y la protección ante amenazas externas.

● Entornos de trabajo virtuales: AWS WorkSpaces y AppStream 2.0 se seleccionaron para facilitar el acceso remoto seguro a aplicaciones científicas, lo cual mejora la colaboración entre personal técnico, clínico e investigador.

● Control de costes y trazabilidad económica: se configurarán AWS Budgets, etiquetado de recursos y Cost Explorer para mantener visibilidad completa del gasto por proyecto o equipo, ajustándose a los requisitos de financiación externa.

▶ Mejoras previstas a corto y medio plazo

1. Automatización de procesos repetitivos

   Se espera una importante mejora de la eficiencia operativa gracias al uso de EventBridge y Lambda para automatizar tareas como generación de informes, archivado de datos o reconfiguración de entornos.

2. Reducción de costes innecesarios

   Gracias al ajuste dinámico de instancias, el uso de instancias spot y la monitorización proactiva, se prevé un ahorro del 20–30 % frente al modelo tradicional basado en servidores locales.

3. Incremento de la seguridad y el cumplimiento legal

   La trazabilidad completa (logs, auditorías, cifrado), el uso de regiones conformes con el RGPD (como la de Aragón) y la segmentación de accesos contribuirán a cumplir con la LOPDGDD, el ENS y otras normativas europeas.

4. Facilitación del trabajo remoto y colaboración multidisciplinar

   El acceso a escritorios virtuales desde cualquier lugar facilitará la interacción entre equipos, acelerará proyectos y evitará cuellos de botella técnicos o logísticos.

5. Base escalable para la innovación tecnológica

   Al tener acceso a servicios avanzados como SageMaker, Rekognition o Textract, el laboratorio podrá explorar nuevas líneas de I+D sin tener que invertir en infraestructuras costosas.

▶ Conclusión

El proyecto de migración del Laboratorio Guttmann a AWS se presenta como una apuesta estratégica   que responde a las necesidades actuales, y, también prepara a la organización para afrontar retos futuros con una base tecnológica segura, escalable y bien gestionada. La implementación de esta arquitectura permitirá liberar recursos internos, mejorar la calidad del servicio y fomentar una cultura más ágil, conectada y sostenible.

6.6 PRUEBA DE AUTOEVALUACIÓN DE LA UNIDAD

1. **¿Cuál fue una de las razones principales por las que el Laboratorio Guttmann migró a AWS?**

   a) Reducción de personal

   b) Cumplimiento de moda tecnológica

   c) Escalabilidad y flexibilidad de recursos

2. **¿Qué servicio se utilizó para el almacenamiento de datos no estructurados como imágenes médicas?**

   a) Amazon RDS

   b) Amazon S3

   c) Amazon EC2

3. **¿Cuál de los siguientes servicios permite ejecutar funciones de código sin gestionar servidores?**

   a) Amazon DynamoDB

   b) Amazon EC2

   c) AWS Lambda

4. **¿Qué herramienta permite el acceso remoto a escritorios virtuales desde cualquier lugar?**

   a) AWS WorkSpaces

   b) Amazon S3

   c) AWS Shield

5. **¿Qué servicio ayuda a detectar comportamientos anómalos en la cuenta AWS?**

   a) AWS GuardDuty

   b) Amazon AppStream

   c) AWS IAM

6. ¿Qué servicio permite establecer políticas de control de acceso granular a los recursos?

a) AWS Cost Explorer

b) AWS IAM

c) Amazon CloudWatch

7. ¿Cuál de los siguientes servicios se utiliza para gestionar bases de datos relacionales?

a) Amazon RDS

b) AWS CloudTrail

c) Amazon S3

8. ¿Qué servicio se utiliza para automatizar acciones basadas en eventos del sistema?

a) AWS EventBridge

b) Amazon EC2

c) Amazon WorkDocs

9. ¿Qué servicio ofrece protección contra ataques DDoS sin coste adicional?

a) AWS WAF

b) AWS Shield Standard

c) AWS Lambda

10.¿Cuál fue uno de los beneficios operativos inmediatos tras adoptar AWS?

a) Aumento de hardware local

b) Mejora en los tiempos de despliegue y respuesta

c) Reducción de conectividad

1. El servicio _____ permite almacenar grandes volúmenes de datos no estructurados de forma segura y escalable.

2. _____ se encarga de registrar todas las actividades que se realizan dentro de la cuenta de AWS.

3. Para automatizar procesos en función de eventos del sistema, el laboratorio usó _____.

4. El control de acceso a los recursos se realiza mediante el servicio _____.

5. Una ventaja destacada de usar _____ fue la capacidad de escalar instancias bajo demanda según la carga de trabajo.

Respuestas

Test:

c) Escalabilidad y flexibilidad de recursos

b) Amazon S3

c) AWS Lambda

a) AWS WorkSpaces

a) AWS GuardDuty

b) AWS IAM

a) Amazon RDS

a) AWS EventBridge

b) AWS Shield Standard

b) Mejora en los tiempos de despliegue y respuesta

Frases con hueco:

1. Amazon S3
2. AWS CloudTrail
3. AWS EventBridge
4. AWS IAM
5. Amazon EC2

RESUMEN

La arquitectura del software es la base para diseñar aplicaciones eficientes en la nube. El modelo monolítico agrupa todo en un único bloque, lo que dificulta su escalado. En cambio, los microservicios permiten dividir la aplicación en partes independientes que se comunican entre sí, lo que mejora el mantenimiento, el despliegue y la escalabilidad. Esta arquitectura es ideal para entornos dinámicos como AWS, donde los recursos se pueden ajustar automáticamente según la carga de trabajo.

La computación en la nube se organiza en tres niveles: IaaS, donde el usuario gestiona servidores y almacenamiento; PaaS, que ofrece un entorno de desarrollo sin preocuparse por la infraestructura; y SaaS, donde se accede directamente a aplicaciones como correo electrónico o gestión empresarial. En AWS, EC2 representa IaaS, Elastic Beanstalk sería un ejemplo de PaaS, y servicios como WorkMail encajan en el modelo SaaS. Esta clasificación permite adaptar el servicio a las necesidades técnicas del proyecto.

Amazon Web Services destaca por su red global de centros de datos, su amplio catálogo de servicios y su fiabilidad. Ofrece soluciones para almacenamiento (S3), bases de datos (RDS, DynamoDB), computación (EC2, Lambda), seguridad (IAM, CloudTrail, GuardDuty), automatización (CloudFormation, EventBridge) y colaboración remota (WorkSpaces, AppStream 2.0). Su integración facilita el control de costes, la monitorización en tiempo real y el cumplimiento de normativas como el RGPD.

La elección de servicios cloud exige analizar el presupuesto disponible, el nivel técnico del equipo, la necesidad de escalado automático y el cumplimiento legal. AWS facilita este proceso con herramientas como el Pricing Calculator, los planes de ahorro (Savings Plans) y las etiquetas para clasificar los gastos por departamento o proyecto. Usar zonas de disponibilidad dentro de la Unión Europea, como la región de Aragón, permite cumplir con la legislación vigente sobre protección de datos.

Entre las ventajas de AWS se encuentran la posibilidad de desplegar recursos en minutos, la alta disponibilidad, el pago solo por uso y el acceso a tecnologías avanzadas como inteligencia artificial, análisis predictivo y almacenamiento en frío. Sin embargo, también hay que gestionar el riesgo de dependencia del proveedor, vigilar el gasto mensual y asegurarse de que la configuración de seguridad esté bien definida para evitar errores o fugas de datos.

El proyecto final del manual toma como referencia al Laboratorio Guttmann, que modernizó su infraestructura usando AWS. Reemplazó servidores locales por instancias EC2 y servicios sin servidor como Lambda. Usó RDS y S3 para gestionar datos clínicos y científicos, garantizando cifrado y cumplimiento normativo. Automatizó tareas, mejoró la colaboración remota y controló el gasto con Budgets y Cost Explorer. La migración les permitió ganar agilidad, seguridad y capacidad de innovación.

ACTIVIDADES FINALES

ACTIVIDADES DE REFLEXIÓN (RESPUESTA ABIERTA)

1. **¿Cómo crees que ha cambiado el desarrollo de software con la llegada de la nube?**

Describe en tus palabras los principales cambios y cómo afectan a usuarios y desarrolladores.

2. **Compara dos modelos de servicios en la nube (IaaS, PaaS o SaaS).**

¿Cuál te parece más útil para una pequeña empresa? Justifica tu respuesta.

3. **Imagina que tienes que elegir un proveedor de servicios en la nube para una tienda online.**

¿Qué factores tendrías en cuenta? ¿Por qué?

4. **Reflexiona sobre las ventajas que ofrece la nube en comparación con un sistema local.**

¿En qué casos crees que aún es mejor mantener servidores propios?

5. ¿Qué riesgos ves en el uso de servicios en la nube y cómo los abordarías?

Menciona aspectos técnicos, económicos y legales.

6. Analiza cómo influye el diseño de la arquitectura del software en el éxito de un proyecto.

¿Qué errores de arquitectura podrían llevar al fracaso de una aplicación?

7. Después de crear tu cuenta gratuita en AWS, describe cómo ha sido tu experiencia.

¿Qué te ha sorprendido o resultado difícil al explorar el entorno?

8. Si tuvieras que explicar a alguien qué es Amazon S3, ¿cómo lo harías?

Utiliza una comparación sencilla que pueda entender alguien sin conocimientos técnicos.

9. ¿Qué impacto tiene una mala configuración de usuarios y permisos en la seguridad de un sistema en la nube?

Pon un ejemplo de lo que podría ocurrir.

10. Imagina que trabajas en una empresa que empieza a tener gastos elevados en AWS.

¿Qué medidas propondrías para controlar y optimizar esos costes?

11. Investiga una normativa de protección de datos en España (como la LOPDGDD o el ENS).

¿Cómo condiciona el uso de servicios en la nube? Comenta un caso posible.

12. En tu opinión, ¿por qué es importante el modelo de responsabilidad compartida en AWS?

¿Cómo se reparte realmente la responsabilidad entre cliente y proveedor?

13.Piensa en un caso real o ficticio donde una empresa adopte AWS.

¿Qué servicios crees que necesitaría y cómo los organizarías?

14.Reflexiona sobre el papel de la automatización (Auto Scaling, balanceo de carga, etc.) en un sistema cloud.

¿Qué ventajas tiene automatizar y qué riesgos hay si no se hace?

15.Después de conocer todo el proceso, ¿qué parte del trabajo en la nube te interesa más?

Justifica tu elección y relaciona tu interés con un posible camino profesional o personal.

ACTIVIDADES DE RELACIONAR (CONCEPTO ↔ DESCRIPCIÓN/FUNCIÓN)

Instrucciones

Relaciona cada elemento de la columna A con su definición en la columna B

Actividad 1

1. **Columna A**

   a) Amazon S3

   b) AWS Lambda

   c) Amazon RDS

2. **Columna B**

   1) Base de datos relacional gestionada en la nube

   2) Almacenamiento escalable de objetos

   3) Ejecución de código sin servidor

Respuestas: a–2, b–3, c–1

Actividad 2

1. Columna A

a) CloudTrail

b) GuardDuty

c) CloudWatch

2. Columna B

1) Monitoriza métricas y crea alertas

2) Detecta amenazas y comportamientos anómalos

3) Registra acciones dentro de la cuenta AWS

Respuestas: a–3, b–2, c–1

Actividad 3

1. Columna A

a) IAM

b) KMS

c) WAF

2. Columna B

1) Sistema de cifrado de datos y gestión de claves

2) Control de accesos y permisos de usuarios

3) Cortafuegos para proteger aplicaciones web

Respuestas: a–2, b–1, c–3

Actividad 4

1. Columna A

a) EC2

b) WorkSpaces

c) AppStream 2.0

2. Columna B

1) Escritorios virtuales accesibles remotamente

2) Instancias virtuales configurables para cómputo

3) Streaming de aplicaciones desde la nube

Respuestas: a–2, b–1, c–3

Actividad 5

1. Columna A

a) CloudFormation

b) EventBridge

c) Cost Explorer

2. Columna B

1) Automatiza tareas basadas en eventos

2) Visualiza y analiza el consumo en AWS

3) Despliegue automático mediante plantillas

Respuestas: a–3, b–1, c–2

Actividad 6

1. Columna A

a) Amazon DynamoDB

b) Amazon RDS

c) Amazon S3

2. Columna B

1) Almacenamiento de datos no estructurados en objetos

2) Base de datos NoSQL totalmente gestionada

2) Servicio de base de datos relacional con alta disponibilidad

Respuestas: a–2, b–3, c–1

Actividad 7

1. Columna A

a) Auto Scaling

b) Shield

c) Savings Plans

2. Columna B

1) Protege contra ataques DDoS

2) Ahorro en costes a cambio de compromiso de uso

3) Ajusta automáticamente la cantidad de instancias EC2

Respuestas: a–3, b–1, c–2

Actividad 8

1. Columna A

  a) LOPDGDD

  b) RGPD

  c) ENS

2. Columna B

  1) Reglamento europeo de protección de datos

  2) Norma española que regula derechos digitales

  3) Requisitos de seguridad del sector público en España

Respuestas: a–2, b–1, c–3

Actividad 9

1. Columna A

  a) CloudWatch Logs

  b) CloudTrail

  c) GuardDuty

2. Columna B

  1) Analiza archivos de log y genera métricas

  2) Audita eventos API y actividades en la cuenta

  3) Detecta accesos inusuales y amenazas

Respuestas: a–1, b–2, c–3

Actividad 10

1. Columna A

   a) SageMaker

   b) Rekognition

   c) Textract

2. Columna B

   1) Servicio de IA para análisis de imágenes

   2) Plataforma para entrenamiento y despliegue de modelos de machine learning

   3) Extrae texto automáticamente de documentos escaneados

Respuestas: a–2, b–1, c–3

APLICACIONES PRÁCTICAS

1. Aplicación del modelo de responsabilidad compartida en un hospital público

Un hospital de la red pública de salud en España está desplegando una plataforma de seguimiento de pacientes crónicos en la nube. El equipo directivo quiere saber qué parte de la seguridad depende del proveedor (AWS) y qué parte deben asumir ellos.

Problema

Hay confusión sobre quién debe gestionar el cifrado, el control de accesos y la configuración de las bases de datos.

¿Cuál es la solución a este problema?

…

Solución

Explicar el modelo de responsabilidad compartida: AWS se encarga de la seguridad "de" la nube (infraestructura física, redes, virtualización), y el hospital es responsable de la seguridad "en" la nube (configuración, datos, usuarios). Por tanto:

- El hospital debe activar el cifrado en S3 y RDS.
- Gestionar roles y permisos con IAM.
- Monitorizar la actividad con CloudTrail y configurar WAF para proteger la app. Esto aclara responsabilidades legales y técnicas, evitando errores críticos.

2. Cumplimiento de la LOPDGDD en una startup de salud mental digital

Una startup española desarrolla una app que recopila cuestionarios psicológicos y diarios emocionales de usuarios para personalizar el contenido. Trabajan con AWS, pero desconocen las implicaciones legales.

Problema

No han tomado medidas para garantizar el cumplimiento de la LOPDGDD y podrían estar expuestos a sanciones.

¿Cuál es la solución a este problema?

...

Solución

- Aplicar los principios de la LOPDGDD.
- Minimización de datos: almacenar solo lo necesario.
- Cifrado de datos personales en reposo (S3 + KMS) y en tránsito (TLS).
- Registro de accesos con CloudTrail.
- Implementar derechos de acceso, rectificación y supresión (a través de un portal seguro).
- Trabajar solo con regiones AWS en la UE. Esto asegura el cumplimiento normativo y protege la confianza de los usuarios.

3. Segmentación y control de accesos en una universidad con múltiples proyectos cloud

Una universidad española desarrolla varios proyectos en AWS (educación, investigación, administración). Necesita separar entornos, definir permisos, evitar accesos cruzados y cumplir con el ENS.

Problema

Todos los equipos están en una sola cuenta de AWS sin control de accesos claros.

¿Cuál es la solución a este problema?

...

Solución

▶ Crear múltiples cuentas dentro de AWS Organizations, una por proyecto o área.

▶ Usar AWS IAM para definir roles y permisos mínimos por usuario.

▶ Aplicar etiquetas para clasificar recursos.

▶ Activar AWS Config para asegurar que las configuraciones cumplen políticas internas.

▶ Monitorizar todo desde AWS Security Hub. Este enfoque mejora el orden, refuerza la seguridad y permite cumplir con el Esquema Nacional de Seguridad.

4. Optimización de costes en una ONG que gestiona campañas educativas

Una ONG española con poco presupuesto usa AWS para alojar su web, plataforma de cursos y base de datos de usuarios. Su gasto ha subido en los últimos 3 meses.

Problema

No están controlando el coste y no saben qué recursos están generando más gasto.

¿Cuál es la solución a este problema?

...

Solución

▶ Activar AWS Cost Explorer para identificar picos de consumo.

▶ Establecer presupuestos con AWS Budgets por área (web, cursos, CRM).

▶ Usar instancias reservadas o spot para EC2 en horas valle.

▶ Revisar buckets S3 y aplicar políticas de ciclo de vida para pasar datos antiguos a almacenamiento más barato.

▶ Apagar servicios no utilizados y automatizar su arranque/parada con Lambda + EventBridge. Con esto, pueden reducir costes sin perder funcionalidad.

5. Protección ante ciberataques durante una campaña de concienciación pública

Un ministerio español lanza una plataforma web de concienciación sobre ciberseguridad ciudadana. El tráfico web aumenta drásticamente y temen ataques de denegación de servicio.

Problema

La plataforma no tiene defensas específicas contra DDoS ni ataques web comunes.

¿Cuál es la solución a este problema?

...

Solución

- Activar AWS Shield Standard para protección automática contra DDoS.
- Configurar AWS WAF con reglas para filtrar bots, inyecciones SQL y ataques XSS.
- Usar Amazon CloudFront (CDN) para distribuir tráfico y mitigar picos.
- Monitorizar el tráfico con CloudWatch y activar alertas.
- Tener un plan de contingencia para escalar servicios automáticamente (Auto Scaling Groups). Esto garantiza la disponibilidad del servicio y la continuidad de la campaña.

6. Automatización del análisis de datos en una empresa de biotecnología

Una empresa biotecnológica española trabaja con grandes volúmenes de datos genómicos que necesita procesar de forma periódica. El análisis lo realiza un pequeño equipo técnico que se ve desbordado cada vez que se lanza un estudio.

Problema

El proceso de análisis de datos se hace manualmente, consume mucho tiempo y suele provocar retrasos.

¿Cuál es la solución a este problema?

...

Solución

▶ Crear funciones AWS Lambda para lanzar automáticamente scripts de análisis al detectar nuevos archivos en Amazon S3.

▶ Usar EventBridge para iniciar el flujo cada vez que se cargan datos.

▶ Registrar todo el proceso con CloudWatch Logs y enviar alertas en caso de errores.

▶ Usar EC2 para tareas pesadas en momentos puntuales y detener instancias cuando se complete el trabajo. Con esta automatización, se libera al equipo técnico, se acortan los tiempos de análisis y se eliminan errores humanos.

7. Refuerzo de la seguridad en una clínica privada con historial médico digital

Una clínica privada con varias sedes usa AWS para almacenar los historiales médicos de sus pacientes. Tras una auditoría de seguridad, se les exige reforzar sus controles de acceso y la trazabilidad de las acciones sobre los datos.

Problema

Actualmente, cualquier usuario autorizado puede ver toda la información sin que queden registros detallados.

¿Cuál es la solución a este problema?

…

Solución

▶ Aplicar políticas de mínimo privilegio con IAM: cada perfil accede solo a lo necesario.

▶ Activar CloudTrail para registrar todos los accesos y cambios realizados.

▶ Habilitar cifrado con AWS KMS, tanto en RDS como en S3.

▶ Configurar alertas con GuardDuty en caso de comportamientos inusuales.

▶ Implementar autenticación multifactor (MFA) en todos los usuarios sensibles. El resultado es un sistema seguro, trazable y con control completo sobre quién accede a qué y cuándo.

8. Internacionalización de una plataforma educativa y gestión multirregional

Una plataforma española de cursos online está creciendo en Latinoamérica y quiere ofrecer la mejor experiencia a sus nuevos estudiantes sin perder el control desde España.

Problema

Los usuarios de otros países experimentan lentitud y la latencia es alta. También hay preocupación por la seguridad y el cumplimiento legal local.

¿Cuál es la solución a este problema?

...

Solución

▶ Distribuir el contenido con Amazon CloudFront desde ubicaciones cercanas a los usuarios.

▶ Replicar bases de datos RDS en regiones latinoamericanas para agilizar las consultas locales.

▶ Aplicar políticas IAM diferenciadas por región y tipo de contenido.

▶ Usar CloudFormation para desplegar entornos similares en cada región de forma automatizada.

▶ Centralizar el monitoreo con CloudWatch y la seguridad con AWS Security Hub. Esto mejora la experiencia de los usuarios internacionales y permite crecer sin complicaciones técnicas.

9. Migración gradual de servidores físicos a la nube en una administración pública

Una diputación provincial quiere dejar de depender de sus servidores locales. El objetivo es pasarse a la nube sin interrumpir los servicios públicos digitales que ofrece.

Problema

No pueden hacer un corte total de los sistemas, y necesitan mantener algunos datos sensibles bajo estricto control legal.

¿Cuál es la solución a este problema?

...

Solución

▶ Diseñar una migración híbrida usando AWS Storage Gateway para acceder a datos locales desde la nube.

▶ Empezar migrando los sistemas menos críticos (correo, intranet, copias de seguridad).

▶ Configurar replicación de datos con AWS Database Migration Service (DMS).

▶ Aplicar el Esquema Nacional de Seguridad (ENS) en cada capa, con cifrado, auditoría y control de accesos.

▶ Usar Amazon WorkSpaces para ir migrando entornos de trabajo sin afectar al personal. Este enfoque permite una transición ordenada, con cumplimiento normativo y sin interrumpir servicios.

10. Evaluación del impacto económico y técnico de AWS en una fundación investigadora

Una fundación sin ánimo de lucro quiere justificar ante sus financiadores públicos que el uso de AWS ha mejorado su eficiencia y reducido el gasto.

Problema

No tienen datos claros ni informes que reflejen el impacto de forma cuantificable.

¿Cuál es la solución a este problema?

…

Solución

▶ Usar AWS Cost Explorer para generar informes por proyecto y etapa.

▶ Comparar costes con simulaciones de infraestructura tradicional (servidores, mantenimiento, energía).

▶ Mostrar reducción de tiempos con ejemplos concretos: creación de entornos, análisis de datos, recuperación de backups.

▶ Añadir métricas de CloudWatch para demostrar mejor rendimiento y escalabilidad.

▶ Generar un informe visual con gráficos y conclusiones, usando los datos exportados. Esto les permite presentar evidencia sólida del valor obtenido y mejorar sus oportunidades de financiación futura.

EVALUACIÓN FINAL

VERDADERO O FALSO

1. La arquitectura monolítica permite un escalado más eficiente que los microservicios. (V/F)

2. AWS ofrece servicios de Infraestructura, Plataforma y Software como servicio. (V/F)

3. Amazon S3 es un servicio de computación. (V/F)

4. AWS Lambda permite ejecutar código sin necesidad de servidores físicos. (V/F)

5. DynamoDB es una base de datos relacional gestionada. (V/F)

6. Elastic Beanstalk es un ejemplo de servicio SaaS. (V/F)

7. AWS CloudTrail permite monitorizar los cambios y accesos en una cuenta. (V/F)

234 SERVICIOS EN LA NUBE CON AWS

8. Un bucket de Amazon S3 se utiliza para alojar funciones Lambda. (V/F)

9. EC2 permite lanzar máquinas virtuales bajo demanda. (V/F)

10. GuardDuty ayuda a detectar amenazas en tiempo real. (V/F)

11. Amazon RDS se puede usar para bases de datos como MySQL o PostgreSQL. (V/F)

12. AppStream 2.0 permite transmitir escritorios completos, no solo aplicaciones. (V/F)

13. CloudWatch sirve para monitorizar el uso de recursos y eventos. (V/F)

14. EventBridge automatiza tareas basadas en eventos del sistema. (V/F)

15. AWS KMS permite gestionar claves de cifrado para proteger datos. (V/F)

TIPO TEST (UNA OPCIÓN CORRECTA)

16. ¿Qué servicio de AWS se usa para lanzar máquinas virtuales?
    a) RDS
    b) EC2
    c) Lambda

17. ¿Cuál es un servicio de almacenamiento de objetos?
    a) DynamoDB
    b) S3
    c) RDS

18. ¿Qué servicio permite ejecutar código sin servidor?

a) EC2

b) S3

c) Lambda

19. ¿Qué herramienta ayuda a controlar el gasto en AWS?

a) Cost Explorer

b) AppStream

c) IAM

20. ¿Qué servicio permite trabajar con escritorios virtuales?

a) Lambda

b) WorkSpaces

c) CloudTrail

21. ¿Qué servicio detecta amenazas de seguridad?

a) IAM

b) CloudFormation

c) GuardDuty

22. ¿Qué servicio ofrece bases de datos relacionales?

a) EC2

b) RDS

c) S3

23. ¿Qué servicio se usa para automatizar tareas según eventos?

a) CloudFormation

b) AppStream

c) EventBridge

24. ¿Cuál de estos servicios sirve para crear entornos con plantillas?

a) CloudFormation

b) GuardDuty

c) Shield

25. ¿Cuál protege aplicaciones web contra ataques?

a) Shield

b) WAF

c) CloudTrail

PREGUNTAS DE RESPUESTA CORTA (UNA PALABRA)

26. ¿Qué servicio se usa para almacenar imágenes médicas?

...

27. ¿Cómo se llama el servicio que permite lanzar bases de datos gestionadas?

...

28. ¿Qué servicio ayuda a controlar identidades y permisos?

...

29. ¿Qué servicio ofrece un firewall para aplicaciones web?

...

30. ¿Qué servicio permite automatizar con funciones sin servidor?

...

31. ¿Qué herramienta registra todos los accesos en AWS?

...

32. ¿Qué servicio es ideal para análisis de amenazas?

...

33. ¿Qué servicio permite crear escritorios virtuales?

...

34. ¿Qué tipo de arquitectura divide la app en servicios independientes?

...

35. ¿Qué servicio sirve para automatizar despliegues con plantillas?

...

36. ¿Qué servicio analiza métricas y eventos?

...

37. ¿Qué servicio ayuda a calcular presupuestos y detectar sobrecostes?

...

38. ¿Qué arquitectura se considera rígida y difícil de escalar?

...

39. ¿Qué servicio usa AWS para cifrar datos con claves?

...

40. ¿Qué herramienta permite automatizar tareas según eventos del sistema?

...

RESPUESTAS CORRECTAS

Verdadero/Falso

1. F | 2. V | 3. F | 4. V | 5. F

6. F | 7. V | 8. F | 9. V | 10. V

11. V | 12. F | 13. V | 14. V | 15. V

Tipo test

16. b | 17. b | 18. c | 19. a | 20. b

21. c | 22. b | 23. c | 24. a | 25. b

Respuesta corta

26. S3 | 27. RDS | 28. IAM | 29. WAF | 30. Lambda

31. CloudTrail | 32. GuardDuty | 33. WorkSpaces | 34. microservicios | 35. CloudFormation

36. CloudWatch | 37. Budgets | 38. monolítica | 39. KMS | 40. EventBridge

GLOSARIO

A continuación, se expone un glosario con **100 términos y definiciones** relacionados con la arquitectura de programas y servicios en la nube, especialmente enfocados en **AWS**.

Arquitectura y desarrollo

1. **Arquitectura de software**: forma en que se organizan y estructuran los componentes de un programa.

2. **Microservicios**: forma de dividir una aplicación en pequeñas partes independientes.

3. **Monolito**: aplicación construida como un único bloque.

4. **Cliente-servidor**: modelo donde un dispositivo (cliente) solicita datos y otro (servidor) responde.

5. **Escalabilidad**: capacidad de un sistema para crecer sin perder rendimiento.

6. **Alta disponibilidad**: sistema preparado para seguir funcionando aunque falle alguna parte.

7. **Tolerancia a fallos**: capacidad para recuperarse ante errores o caídas.

8. **Desacoplamiento**: práctica de mantener los componentes del sistema independientes entre sí.

9. **Carga de trabajo (workload)**: conjunto de procesos o tareas que un sistema ejecuta.

10. **Orquestación**: coordinación automática de tareas y servicios.

Conceptos clave de cloud computing

11. **Computación en la nube**: uso de servidores remotos para almacenar y procesar datos.

12. **Nube pública**: servicios gestionados por un proveedor para varios clientes.

13. **Nube privada**: infraestructura dedicada a una sola organización.

14. **Nube híbrida**: combinación de nube pública y privada.

15. **Multinube (multi-cloud)**: uso de servicios de diferentes proveedores de nube.

16. **IaaS (Infraestructura como Servicio)**: acceso a servidores, redes y almacenamiento virtualizados.

17. **PaaS (Plataforma como Servicio)**: entorno completo para desarrollar y desplegar aplicaciones.

18. **SaaS (Software como Servicio)**: aplicaciones listas para usar desde internet.

19. **Serverless**: modelo en el que no se gestionan servidores directamente.

20. **Contenedor**: unidad ligera que empaqueta una aplicación y todo lo necesario para ejecutarla.

Servicios y herramientas de AWS

21. **AWS (Amazon Web Services)**: plataforma de servicios en la nube de Amazon.

22. **EC2 (Elastic Compute Cloud)**: servicio para ejecutar servidores virtuales.

23. **S3 (Simple Storage Service)**: sistema de almacenamiento de objetos.

24. **Lambda**: servicio que ejecuta código sin necesidad de servidores.

25. **RDS (Relational Database Service)**: base de datos relacional gestionada por AWS.

26. **DynamoDB**: base de datos NoSQL rápida y escalable.

27. **EBS (Elastic Block Store)**: almacenamiento en bloques para EC2.

28. **EFS (Elastic File System)**: sistema de archivos compartido y escalable.

29. **CloudFront**: red de distribución de contenido (CDN) para acelerar la entrega.

30. **Elastic Beanstalk**: plataforma para desplegar aplicaciones fácilmente.

Identidad, seguridad y cumplimiento

31. **IAM (Identity and Access Management)**: control de accesos y permisos en AWS.

32. **MFA (Multi-Factor Authentication)**: seguridad adicional con varios métodos de verificación.

33. **KMS (Key Management Service)**: gestión de claves para cifrado.

34. **Cifrado en reposo**: protección de datos cuando están almacenados.

35. **Cifrado en tránsito**: protección de datos cuando se transfieren.

36. **CloudTrail**: registro de actividades dentro de AWS.

37. **GuardDuty**: detección automática de amenazas.

38. **WAF (Web Application Firewall)**: protección frente a ataques web.

39. **AWS Shield**: defensa ante ataques DDoS.

40. **Política de permisos**: reglas que determinan qué puede hacer un usuario.

Costes y facturación

41. **Free Tier**: capa gratuita de AWS para empezar a usar sus servicios.

42. **Cost Explorer**: herramienta para analizar gastos.

43. **Presupuesto (Budget)**: límite de gasto establecido por el usuario.

44. **Facturación consolidada**: agrupación de varias cuentas para facilitar la gestión.

45. **Spot Instance**: instancia EC2 más barata, pero interrumpible.

46. **Instancia reservada**: EC2 con descuento por compromiso a largo plazo.

47. **Pago por uso (pay-as-you-go)**: modelo de cobro según consumo real.

48. **Etiqueta (Tag)**: identificador para clasificar y gestionar recursos.

49. **Savings Plan**: plan de ahorro flexible para servicios de computación.

50. **Pricing Calculator**: herramienta de AWS para estimar costes.

Redes y conectividad

51. **VPC (Virtual Private Cloud)**: red privada dentro de AWS.

52. **Subnet**: división lógica dentro de una VPC.

53. **IP pública**: dirección accesible desde internet.

54. **IP privada**: dirección solo accesible dentro de la red interna.

55. **NAT Gateway**: permite que instancias privadas accedan a internet.

56. **Internet Gateway**: conexión entre una VPC y el exterior.

57. **Peering**: conexión privada entre dos VPC.

58. **Route Table**: conjunto de reglas para dirigir el tráfico de red.

59. **Security Group**: cortafuegos virtual que controla el tráfico hacia una instancia.

60. **Load Balancer**: distribuidor de tráfico entre varios servidores.

Almacenamiento y bases de datos

61. **Objeto**: unidad de datos almacenada en S3.

62. **Bucket**: contenedor de objetos en S3.

63. **Snapshot**: copia puntual de un volumen EBS.

64. **Clase de almacenamiento**: nivel de S3 según uso (Standard, IA, Glacier).

65. **Glacier**: almacenamiento barato para archivos que se acceden poco.

66. **Mount target**: punto de acceso a un sistema de archivos.

67. **Replica**: copia de seguridad sincronizada.

68. **Read replica**: copia de solo lectura de una base de datos.

69. **Provisioned IOPS**: rendimiento de disco reservado.

70. **Throughput**: cantidad de datos que se pueden mover por segundo.

Despliegue y automatización

71. **Auto Scaling**: ajuste automático del número de instancias según demanda.

72. **CloudFormation**: herramienta para automatizar el despliegue con plantillas.

73. **Elastic Load Balancing (ELB)**: balanceo automático del tráfico.

74. **Deployment**: proceso de subir una aplicación al entorno de producción.

75. **CI/CD**: integración y entrega continua de software.

76. **Pipeline**: flujo de trabajo automatizado para despliegue.

77. **Rollback**: volver a una versión anterior de la aplicación.

78. **Versionado**: control de diferentes versiones de un software o archivo.

79. **Health check**: verificación del estado de una instancia.

80. **Log**: registro de eventos y errores.

Monitoreo y análisis

81. **CloudWatch**: servicio para monitorizar recursos y aplicaciones.

82. **Dashboard**: panel visual con métricas clave.

83. **Métrica**: medida numérica sobre el comportamiento de un recurso.

84. **Alarma (Alarm)**: alerta cuando una métrica supera un umbral.

85. **Log stream**: flujo continuo de registros.

86. **Insights**: análisis automatizado de datos.

87. **EventBridge**: servicio de gestión de eventos.

88. **Trace**: seguimiento del recorrido de una petición.

89. **Data Lake**: almacén masivo de datos estructurados y no estructurados.

90. **Athena**: herramienta para consultar datos en S3 con SQL.

Conceptos avanzados y otros

91. **Edge location**: punto de entrega de contenido cerca del usuario.

92. **Región**: zona geográfica donde AWS tiene centros de datos.

93. **Zona de disponibilidad**: área física dentro de una región.

94. **Compliance**: cumplimiento de normativas legales.

95. **Provisionamiento**: puesta en marcha de recursos o servicios.

96. **Despliegue azul/verde (blue/green)**: estrategia para actualizar aplicaciones sin cortes.

97. **Contenedor Docker**: unidad que empaqueta software y sus dependencias.

98. **EKS (Elastic Kubernetes Service)**: servicio para usar Kubernetes en AWS.

99. **Cloud9**: entorno de desarrollo en la nube.

100. **CLI (Command Line Interface)**: herramienta para controlar AWS desde la terminal.

SÍGUENOS EN INSTAGRAM Y ACCEDE GRATIS A NUESTRA BIBLIOTECA DIGITAL DURANTE 30 DÍAS.

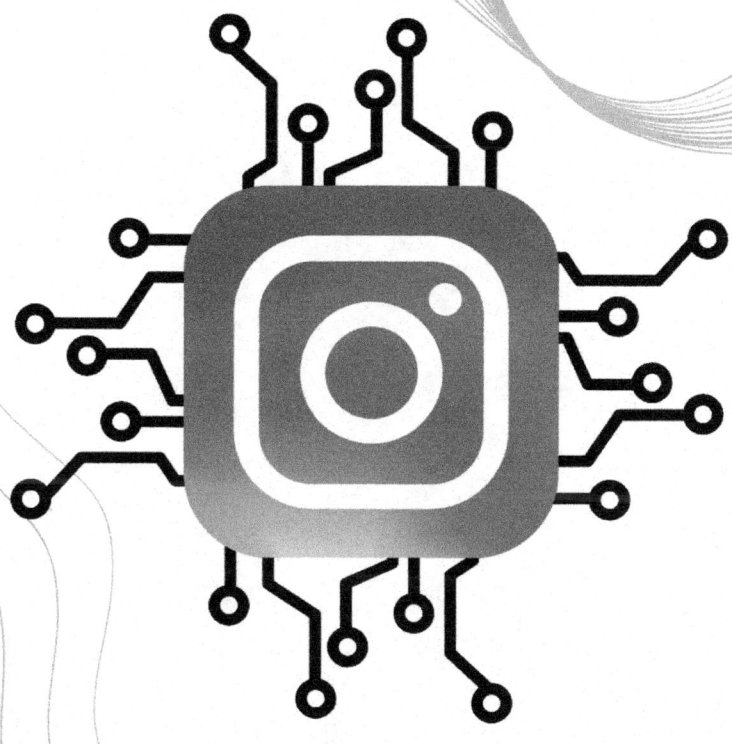

@grupoeditorialrama

¡ENVIANOS TU MAIL POR PRIVADO!